普华在线
Sino-Balance Online

让人人都懂金融

中国金融生态圈

CHINA'S FINANCIAL ECOSYSTEM

深度揭秘中国金融机构运行内幕

翟山鹰　沈健 ◎著

中国商业出版社

图书在版编目（CIP）数据

中国金融生态圈 / 翟山鹰，沈健著 . — 北京 : 中国商业出版社，2015.12

ISBN 978-7-5044-9187-9

Ⅰ . ①中… Ⅱ . ①翟… ②沈… Ⅲ . ①金融机构－研究－中国②金融市场－研究－中国 Ⅳ . ① F832.3 ② F832.5

中国版本图书馆 CIP 数据核字 (2015) 第 271547 号

责任编辑：常 松

中国商业出版社出版发行

010-63180647 www.c-cbook.com

(100053 北京广安门报国寺 1 号)

新华书店总店北京发行所经销

北京市庆全新光印刷有限公司

*

850×1168mm 1/16 19.5 印张 300 千字

2016 年 1 月第 1 版 2016 年 1 月第 1 次印刷

定价：88.00 元

* * * *

CHINA'S
FINANCIAL ECOSYSTEM

中国特色金融体系的倡导者

——翟山鹰

从投资银行业务开始，在近二十年的时间里，我转战了商业银行、证券、信托、保险、衍生、基金等几乎所有类型的国内外主流金融机构，在实践中深刻地体会了金融世界的奥妙和风险。

金融是一个容不得半点虚假和侥幸的行业，必须是、也只能是一个高风险与高收入并存的领域。有时候，从事金融行业就是在破产甚至诈骗的红线旁游走，这也是曾经伟大的麦道夫最终沦落为世纪巨骗的原因所在，而中国大量的金融从业者正走在这个悬崖的边缘。

在金融行业生存、发展，深厚的金融理论功底、扎实的金融基础知识和丰富的金融实战经验是三个必不可少的基础条件。在目前的中国，真正具备这三个条件的金融人才其实凤毛麟角，而中国腾飞的梦想必须由大量具备金融“真本事”的人才参与才能更快速的实现！

我希望通过《中国金融生态圈》和《金融圣殿》系列的其他图书，能帮助读者从正确认知中国所有金融机构的业务职能和运作规律开始，向读者展现“最纯正血统”的金融世界。

我相信，《中国金融生态圈》和《金融圣殿》系列的其他图书，一定会让越来越多的有志青年，了解并进入真实的金融领域，学会真本事，在不断提升自己的同时，共同实现我们中华民族伟大复兴的梦想。

读懂中国金融的一本书

如今这个时代，说起金融，大家都不陌生，股票、证券、期货、利率、融资、上市、IPO……大量词汇耳熟能详，媒体上、网络上充斥着海量的信息，每天都会被无数条与金融有关的字眼冲击着眼球。可是问题来了，你能准确地说出这些金融基本术语的含义吗？

这个问题也许还难不倒你，那么提起金融圈的机构呢，想必央行、证监会、期货交易所、P2P 平台、小贷公司都听过，但是问题又来了：国家金融政策大政方针是哪个部门制定？蓬勃发展的互联网金融，又由谁来监管？央行与银监会是什么关系？资产管理公司与财富管理公司有什么区别？如何区分基金公司、基金管理公司、基金、股权私募基金？股市崩盘时“国家队”出场救市，钱是哪来的？中国的金融圈，究竟有哪些机构，这些机构之间又存在着怎样的关系，还说得清楚吗？问到这里，相信绝大多数人已经答不出了。

事实上，不光是普通人说不清楚，很多金融机构从业者也理不清中国金融圈错综复杂的关系。很多时候，一位名牌大学出身的金融系高材生，满腹的专业理论和科班知识，却搞不清中国到底有哪些金融机构，这事说起来，是不是有那么点不靠谱？

对于金融圈的从业者和准从业者来说，熟知中国的金融机构体系，无疑是走进金融圈前的必修课；而对于普通大众来说，在金融已经渗透到生活中每个角落的今天，了解一些中国本土金融的背景知识，也是你在生活中与金融机构打交道的必修功课。

问题出现了，怎么解决呢？有人说，网络上的信息是海量的，尽可以搜索，然而真的去看了就会发现，网上的信息琐碎混乱，条理杂乱无章，而且众说纷纭，想找到权威而清晰的解释，无异大海捞针；那么看书吧，去翻翻市场上的金融书籍，无一例外的照本宣科，拿来西方的金融理论生搬硬套，语言生硬呆板，文字晦涩难懂，既看不懂，又用不到。转了一圈回来，问题还是没有解决，怎么办？

做文字工作，最抵触的是不求甚解，最痛恨的是不知所云，既然找不到，那就自己做。中国人自己看的金融书，必须立足中国本土金融体系，必须让中国人看得懂。《中国金融生态圈》就是这样一本书。

在这本书里，我们用最通俗生动的语言，揭开金融术语繁冗晦涩的面罩，网尽当代中国所有的金融机构，系统梳理中国金融机构体系间错综复杂的关系，构建直观清晰的金融体系架构，同时辅以翟山鹰老师权威而犀利的点评，目的就是要帮助大家熟知中国金融圈的生态体系，探索在中国金融生态圈中的生存法则。从实用性出发，我们将国内的金融机构按照其不同的性质划分为政府机构、事业单位、协会组织和企业，并将各类企业按照其业务属性划分为银行类、非银行类、投资银行类、泛金融机构类等多个类型，同时将国有控股和民营可参与的领域进行区分，既保证观点的专业与权威，又兼顾文字的直观与趣味。这是一本帮金融从业者纵横金融界的江湖宝典，也是一本帮业外读者熟稔金融常识的趣味读物。

做一本中国人读得懂的关于中国金融的书，我们做到了。

沈建

2015年11月

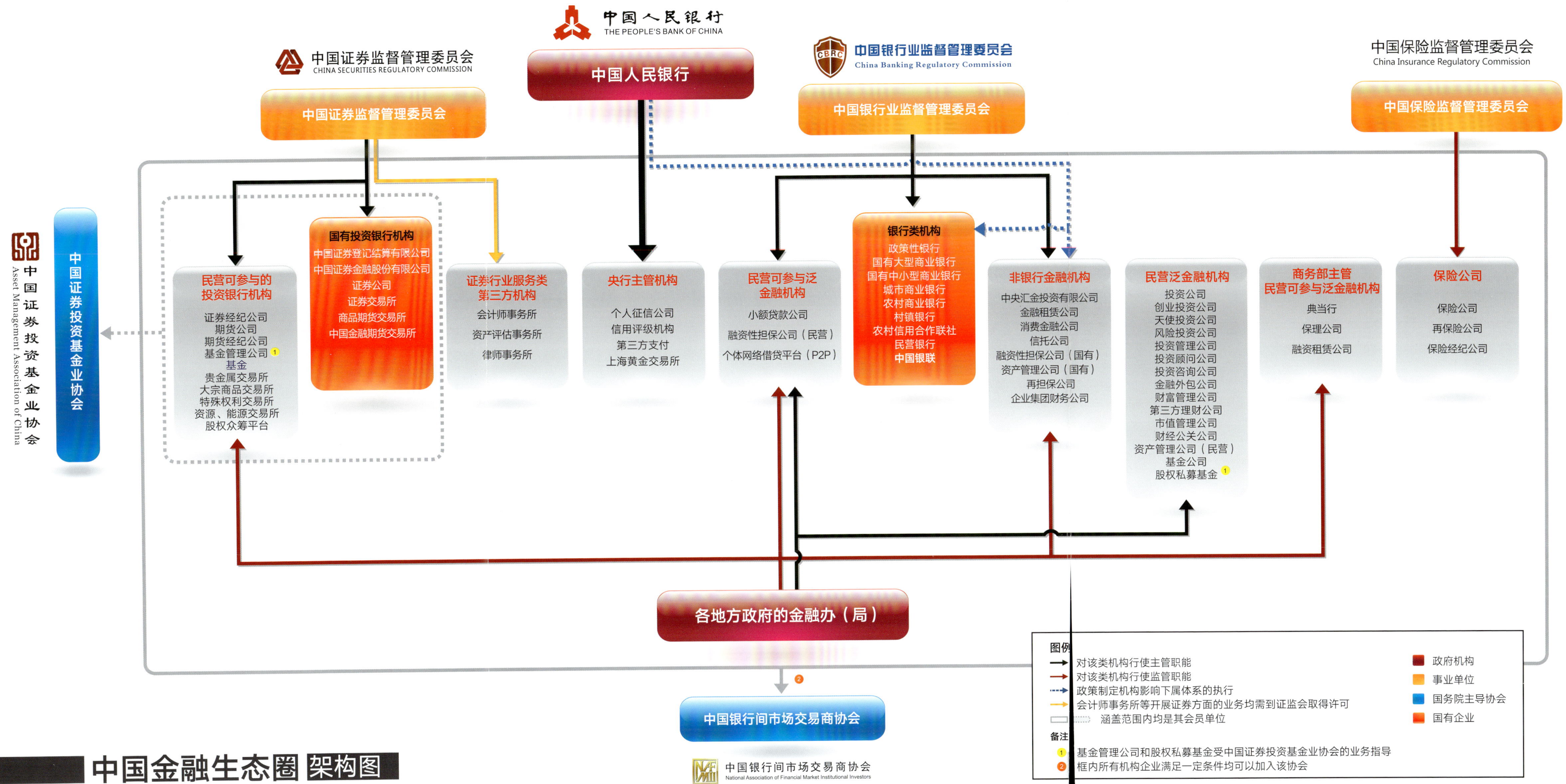
中国人民银行
THE PEOPLE'S BANK OF CHINA
中国证券监督管理委员会
CHINA SECURITIES REGULATORY COMMISSION
中国银行业监督管理委员会
China Banking Regulatory Commission
中国保险监督管理委员会
China Insurance Regulatory Commission
中国证券监督管理委员会
中国人民银行
中国银行业监督管理委员会
中国保险监督管理委员会
中国证券投资基金业协会
Asset Management Association of China
中国证券投资基金业协会
民营可参与的投资银行机构
证券经纪公司
期货公司
期货经纪公司
基金管理公司 1
基金
贵金属交易所
大宗商品交易所
特殊权利交易所
资源、能源交易所
股权众筹平台
国有投资银行机构
中国证券登记结算有限公司
中国证券金融股份有限公司
证券公司
证券交易所
商品期货交易所
中国金融期货交易所
证券行业服务类第三方机构
会计师事务所
资产评估事务所
律师事务所
央行主管机构
个人征信公司
信用评级机构
第三方支付
上海黄金交易所
民营可参与泛金融机构
小额贷款公司
融资性担保公司（民营）
个体网络借贷平台（P2P）
银行类机构
政策性银行
国有大型商业银行
国有中小型商业银行
城市商业银行
农村商业银行
村镇银行
农村信用合作联社
民营银行
中国银联
非银行金融机构
中央汇金投资有限公司
金融租赁公司
消费金融公司
信托公司
融资性担保公司（国有）
资产管理公司（国有）
再担保公司
企业集团财务公司
民营泛金融机构
投资公司
创业投资公司
天使投资公司
风险投资公司
投资管理公司
投资顾问公司
投资咨询公司
金融外包公司
财富管理公司
第三方理财公司
市值管理公司
财经公关公司
资产管理公司（民营）
基金公司
股权私募基金 1
商务部主管民营可参与泛金融机构
典当行
保理公司
融资租赁公司
保险公司
保险公司
再保险公司
保险经纪公司
各地方政府的金融办（局）
2
中国银行间市场交易商协会
中国银行间市场交易商协会
National Association of Financial Market Institutional Investors
图例
对该类机构行使主管职能
对该类机构行使监管职能
政策制定机构影响下属体系的执行
会计师事务所等开展证券方面的业务均需到证监会取得许可
涵盖范围内均是其会员单位
政府机构
事业单位
国务院主导协会
国有企业
备注
1 基金管理公司和股权私募基金受中国证券投资基金业协会的业务指导
2 框内所有机构企业满足一定条件均可以加入该协会

中国金融生态圈 架构图

目录 Contents

目录 Contents

目录 Contents

01 政府机构篇

CHINA'S
FINANCIAL ECOSYSTEM

- 中央银行
- 各地方政府金融办（局）

01 中央银行

名词解释

中央银行，是国家最高的货币金融管理组织机构，在各国金融体系中居于主导地位。国家赋予其制定和执行货币政策，对国民经济进行宏观调控，对其他金融机构乃至金融业进行监督管理的权限，地位非常特殊。

中华人民共和国的中央银行是中国人民银行，简称央行。是在国务院领导下制定和执行货币政策、维护金融稳定、提供金融服务的宏观调控部门。

中国人民银行官网：http://www.pbc.gov.cn

涉及法律法规

《中国人民银行法》

主要职责

2003 年修订的《中国人民银行法》在法律条文上明确了央行的职责，下面我们就说一说央行掌握的大权中我们需要重点熟知的有哪些：

（1）定战略：制定中国金融业改革和发展的规划。

——看看央行的规划，就知道中国金融市场本年度的走向和趋势。

（2）拟法律：起草金融领域有关法律和行政法规。

——赚钱还是进监狱，就看你是否关注央行与时俱进的“家法”。

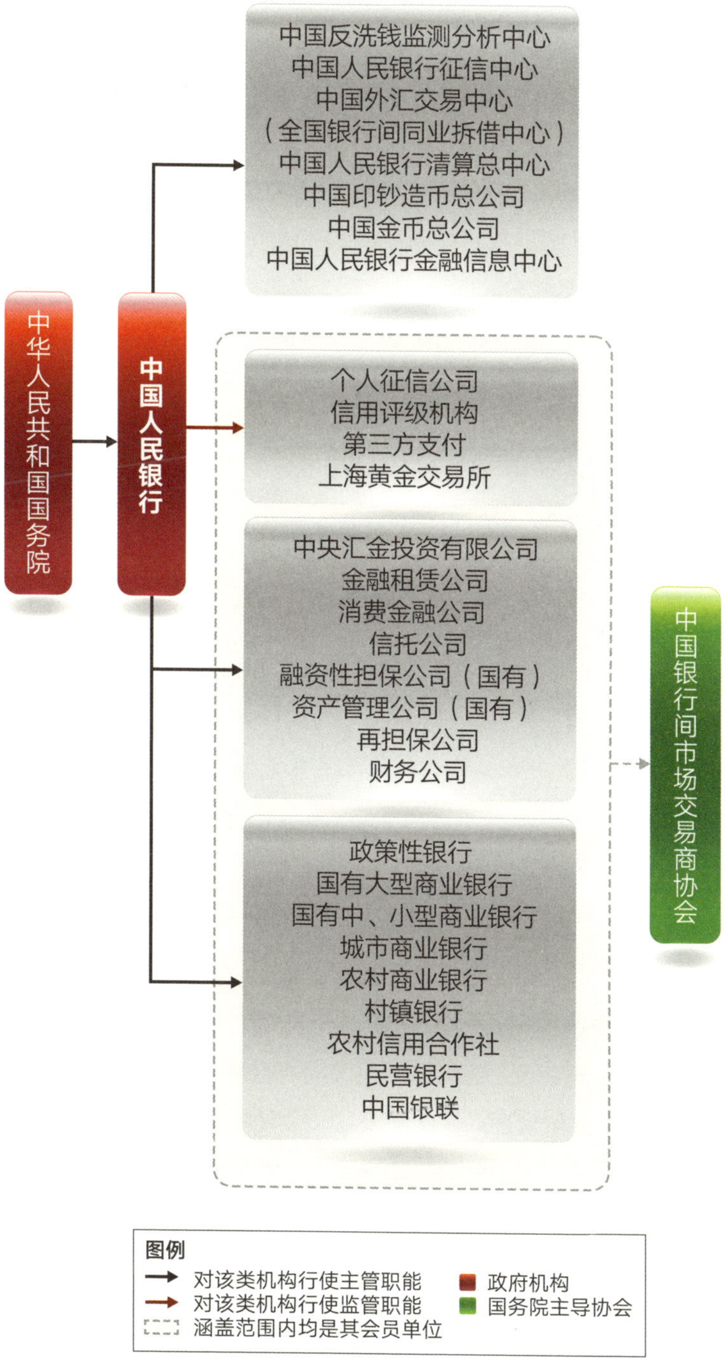
中华人民共和国国务院
中国人民银行
中国反洗钱监测分析中心
中国人民银行征信中心
中国外汇交易中心
（全国银行间同业拆借中心）
中国人民银行清算总中心
中国印钞造币总公司
中国金币总公司
中国人民银行金融信息中心
个人征信公司
信用评级机构
第三方支付
上海黄金交易所
中央汇金投资有限公司
金融租赁公司
消费金融公司
信托公司
融资性担保公司（国有）
资产管理公司（国有）
再担保公司
财务公司
政策性银行
国有大型商业银行
国有中、小型商业银行
城市商业银行
农村商业银行
村镇银行
农村信用合作社
民营银行
中国银联
中国银行间市场交易商协会
图例
对该类机构行使主管职能
对该类机构行使监管职能
涵盖范围内均是其会员单位
政府机构
国务院主导协会

（3）防风险：防范、化解系统性金融风险。

——央行做事有时候仅仅为了“小心驶得万年船”。

（4）调货币：依法制定和执行货币政策和信贷指导政策。

——听说过“贷款基准利率”这个词吗？它上浮，贷款利息就高了，市场上流动的钱就少了；它下调，贷款利息降低，钱就多了。

（5）定汇率：负责制定和实施人民币汇率政策和机制。

——人民币和外币兑换的比例，央行说了算。

（6）存黄金：经营国家外汇储备和黄金储备。

——国家的黄金储备，市场的黄金买卖，都由央行管着。

（7）勤监管：监管银行间同业拆借市场、债券市场、票据市场、外汇市场和黄金市场及有关衍生产品交易。

——在中国买卖（含进出口）黄金现货和期货，要有央行的牌照，否则就会涉嫌违法犯罪。

（8）印钞票：发行人民币，管理人民币流通。

——印多少钞票，由央行决定。出现通货膨胀了，央行就会减少钞票的流通了。

（9）管信用：管理征信业，推动建立社会信用体系。

——谨慎使用信用卡，当心央行拉你进黑名单哦！

（10）其他职能。

内设部门

央行的下设部门包括：办公厅（党委办公室）、条法司、货币政策司、货币政策二司、金融市场司、金融稳定局、调查统计司、会计财务司、支付结算司、科技司、货币金银局、国库局、国际司（港澳台办公室）、内审司、人事司（党委组织部）、研究局、征信管理局、反洗钱局（保卫局）、金融消费权益保护局、党委宣传部（党委群工部）、机关党委、纪委、派驻监察局、离退休干部局、参事室、工会、团委。

和具体金融业务密切相关的有：

（1）条法司。

条法司的具体职责有：起草与中央银行职责有关的金融法律、法规草案；

起草、审核与中央银行职责有关的金融规章；承办中国人民银行发布的有关命令和规章的解释工作等。

——法律的事儿，他们最权威。

（2）货币政策司、二司。

货币政策司和货币政策二司的职责有：研究、拟定与实施中央银行货币政策，研究、拟定和实施信贷政策。研究、拟订进一步完善人民币汇率形成机制的改革方案；跟踪监测全球金融市场汇率变化等。

——外汇的事儿，找它。

（3）金融市场司。

金融市场司的职责有：拟订金融市场发展规划，协调金融市场发展；监督和管理银行间同业拆借市场、银行间债券市场、银行间票据市场、银行间外汇市场和黄金市场以及上述市场的有关衍生产品交易；拟订宏观信贷指导政策，承办国务院决定的信贷结构调节管理工作等。

——信贷政策的事儿，问它。

（4）金融稳定局。

金融稳定局的职责有：综合分析和评估系统性金融风险，提出防范和化解系统性金融风险的政策建议；评估重大金融并购活动对国家金融安全的影响并提出政策建议等。

——国家出现金融风险，就要看他们出手了。

（5）货币金银局。

拟定有关货币发行和金银管理的办法；承担人民币管理和反假人民币的工作；安排现钞和辅币的生产、保管、储运、更新、销毁；管理现金的投放、回笼及库款安全；管理中国的金银收购配售库存和国家黄金储备；管理金银开发基金；管理中国黄金市场等。

——人民币和黄金市场，都归他们管。

（6）征信管理局。

承办征信业管理工作；组织推动社会信用体系建设；组织拟定征信业发展规划、规章制度及行业标准；拟定征信机构、征信业务管理办法及有关信用风险评价准则；承办征信及有关金融知识的宣传教育培训工作；受理征信业务投诉；

承办社会信用体系部际联席会议办公室的日常工作。

——你的个人征信评级，就是他们管的。

直属机构

央行下面的直属机构包括：中国人民银行机关服务中心、中国人民银行集中采购中心、中国反洗钱监测分析中心、中国人民银行征信中心、中国外汇交易中心（全国银行间同业拆借中心）、中国金融出版社、金融时报社、中国人民银行清算总中心、中国印钞造币总公司、中国金币总公司、中国金融电子化公司、中国人民银行党校、中国金融培训中心、中国人民银行郑州培训学院、中国钱币博物馆、中国人民银行金融信息中心。

其中需要我们重点了解的有：

（1）中国反洗钱监测分析中心。

中国反洗钱监测分析中心要依据相关法律，根据国家反洗钱工作的需要，不断提高对大额与可疑资金流动的监测分析水平。

——如果你老听别人说怎么把境外的钱搞进来，或者你的银行卡总是大额的走现金，你要小心点了，这个部门可能会盯上你。

（2）中国人民银行征信中心。

中国人民银行征信中心是中国人民银行直属的事业法人单位，负责中国统一的企业和个人信用信息基础数据库和动产融资登记系统的建设、运行和管理，业务归口征信管理局指导。

——企业和个人的信用征信，都由他们记录。

（3）中国外汇交易中心（中国银行间同业拆借中心）。

中国外汇交易中心暨中国银行间同业拆借中心（以下简称“交易中心”）于1994年4月18日成立，是中国人民银行总行直属事业单位。作为中国银行间外汇市场、货币市场、债券市场以及汇率和利率衍生品市场的具体组织者和运行者。

——银行间同业拆借归他们管。

（4）中国人民银行清算总中心。

中国人民银行清算总中心是中国人民银行直属的、实行企业化管理的事业法人单位，是为中央银行、商业银行和全社会提供支付清算及相关服务的中国性金融服务组织。

——银行间支付清算归他们管。

（5）中国印钞造币总公司。

中国印钞造币总公司是中国人民银行直属的法定从事人民币印制业务的大型国有独资企业，主营业务是人民币印制以及人民币专用技术、设备的研发与制造，同时不断拓展银行卡研制与生产、印钞造币专用机械和银行机具制造、高纯度金银精炼、增值税专用发票、有价证券、银行专用票据、高级防伪证书等相关业务领域。

——不光人民币是他们印的，银行卡、增值税发票也都由他们印制。

分支机构

央行在各地设置了分支机构，包括上海分行、天津分行、沈阳分行、南京分行、济南分行、武汉分行、广州分行、成都分行、西安分行、营业管理部（北京）、重庆营业管理部、石家庄中心支行、太原中心支行、呼和浩特中心支行、长春中心支行、哈尔滨中心支行、杭州中心支行、福州中心支行、合肥中心支行、郑州中心支行、长沙中心支行、南昌中心支行、南宁中心支行、海口中心支行、昆明中心支行、贵阳中心支行、拉萨中心支行、兰州中心支行、西宁中心支行、银川中心支行、乌鲁木齐中心支行、深圳市中心支行、大连市中心支行、青岛市中心支行、宁波市中心支行、厦门市中心支行。

央行是中国金融生态圈生物链顶级物种。央行成立至今，特别是改革开放以来，在体制、职能、地位、作用等方面，都发生了巨大而深刻的变革。

1948 年 12 月 1 日，以华北银行为基础，合并北海银行、西北农民银行，在河北石家庄组建了中国人民银行，并发行人民币，成为中华人民共和国成立后的中央银行和法定本位币。

1949 年 9 月，中国人民银行被纳入中央人民政府政务院的直属单位系列，被赋予国家银行职能。中国人民银行作为人民共和国的国家银行，建立了全国垂直领导的组织机构体系，统一了人民币发行，对各类金融机构实行了统一管理。1978 年之前，计划经济体制时期，中国人民银行作为国家金融管理和货币发行的机构，既是管理金融的国家机关又是全面经营银行业务的国家银行。这个阶段的央行，是“又当爹又当妈”。

改革开放之后日益发展的经济和金融机构的增加，迫切需要加强金融业的统一管理和综合协调。1983 年 9 月 17 日，中华人民共和国国务院作出决定，由中国人民银行专门行使中央银行的职能，并具体规定了人民银行的 10 项职责。从 1984 年 1 月 1 日起，中国人民银行开始专门行使中央银行的职能，完成了从国家银行到中央银行的转变。

1993 年，按照国务院《关于金融体制改革的决定》，中国人民银行进一步强化金融调控、金融监管和金融服务职责，划转政策性业务和商业银行业务。

2003 年 12 月 27 日，十届全国人民代表大会常务委员会第六次会议审议通过了《中华人民共和国中国人民银行法（修正案）》。以法律的形式正式确定了中国人民银行的职能和定位。

自此，中国人民银行的职能和定位就和其他国家的中央银行一致了。从中国人民银行角色转变的整个历程来看，政策性银行、商业银行、甚至银监会、证监会，都是逐步从中国人民银行中剥离出来，从这个角度看，中国人民银行在中国金融这个大家庭里，像一个“妈妈”的角色。

02
各地方政府金融办（局）

名词解释

各地方政府金融办公室（局）是协助地方政府管理金融市场和各类金融机构的政府部门，一般简称金融办（局）。各地由于机构设置不同，叫法也各异，因多数叫金融办，所以此处正文中统称金融办。

金融办是规划地方经济发展的金融大管家，同时还承揽了地方金融生态建设的组织者、金融产业布局的掌控人和地方金融监控的防火墙等相关职能。

由于各地区政府的职责划分和机构设置的不同以及其他原因，在实际工作过程中，有些地区的金融办直接承揽了所有金融领域的管理工作，也有些地区则由金融局、金融发展局等部门实施管理。

金融办均为地方政府下辖的政府办事机构，主要受地方政府的领导，在业务上，如果有上级主管部门，受主管部门的指导和监督。

涉及法律法规

《中编办关于完善中央与地方金融管理体制的意见》

职能范围

各地方金融办（局）的职能范围一般包括：

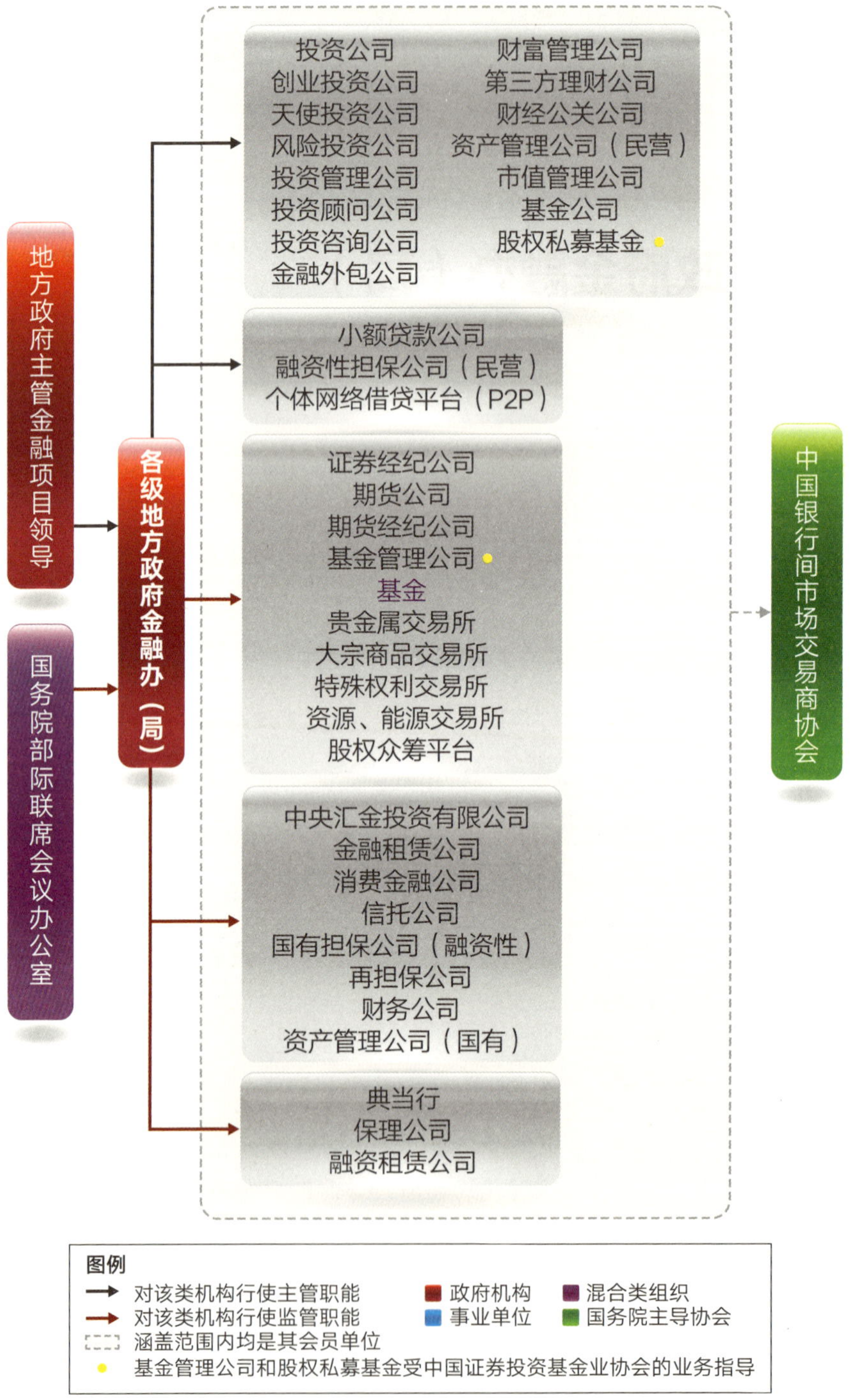
投资公司
创业投资公司
天使投资公司
风险投资公司
投资管理公司
投资顾问公司
投资咨询公司
金融外包公司
财富管理公司
第三方理财公司
财经公关公司
资产管理公司（民营）
市值管理公司
基金公司
股权私募基金
小额贷款公司
融资性担保公司（民营）
个体网络借贷平台（P2P）
地方政府主管金融项目领导
各级地方政府金融办（局）
国务院部际联席会议办公室
证券经纪公司
期货公司
期货经纪公司
基金管理公司
基金
贵金属交易所
大宗商品交易所
特殊权利交易所
资源、能源交易所
股权众筹平台
中国银行间市场交易商协会
中央汇金投资有限公司
金融租赁公司
消费金融公司
信托公司
国有担保公司（融资性）
再担保公司
财务公司
资产管理公司（国有）
典当行
保理公司
融资租赁公司
图例
对该类机构行使主管职能
对该类机构行使监管职能
涵盖范围内均是其会员单位
基金管理公司和股权私募基金受中国证券投资基金业协会的业务指导
政府机构
事业单位
混合类组织
国务院主导协会

（1）贯彻执行党和国家及上级政府有关银行、证券、期货、保险、信托等金融工作的方针政策和法律法规。

（2）督导、检查落实执行上级政府有关金融工作的重要工作部署。

（3）引导鼓励和支持各类金融机构的改革创新、拓展业务，加大对地方经济和各项事业发展的支持。

（4）研究分析宏观金融形势、国家金融政策和本市金融运行情况，制定本地金融及金融产业发展的中短期规划和工作计划。

（5）维护本地金融秩序，防范化解地方金融风险。提出改善金融发展和安全环境的意见和建议，加强对金融业、证券业、保险业的服务，促进地方经济协调发展和稳定。

（6）协助上级政府和监管机构对本地金融机构的管理或监管。

普华在线洞察
SINO-BALANCE ONLINE INSIGHT

在如今的中国金融生态圈中，各地金融办是仅次于几个顶级生物的厉害角色。

早期各地金融办刚刚开始设立的时候，由于其没有明确的定位和管理范畴，在各地都是游离于政府主流机构之外的“冷衙门”，管的事很少。但是近十年来，随着中国金融体系的逐步完善，从政策方针的制定，到地方的金融体系规划，以及协助上级主管部门对地方金融体系监管等重任，都逐步交由金融办来执行，所以金融办在地方政府的权力与日俱增，地位逐步提高，已经从一个可有可无的边缘机构发展成为地方政府主管金融的强力机构，在当地几乎承揽了银行、证券、保险等国有金融体系以及大量民营金融体系监管的职能，成为名符其实的金融行业大管家。如果说，央行和银监会是中国金融生态圈的顶级生物，那么金融办则是各地金融生态圈中处于生态链上游的顶级生物。

02
事业单位篇

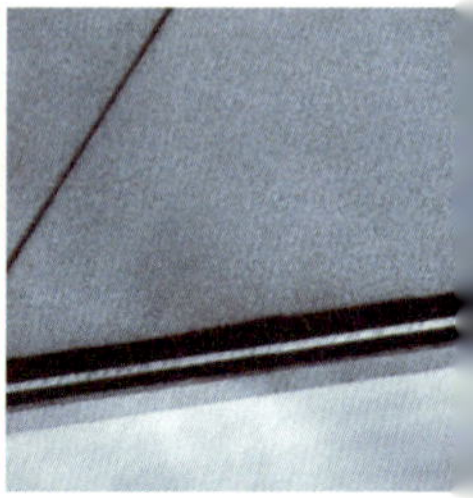

CHINA'S
FINANCIAL ECOSYSTEM

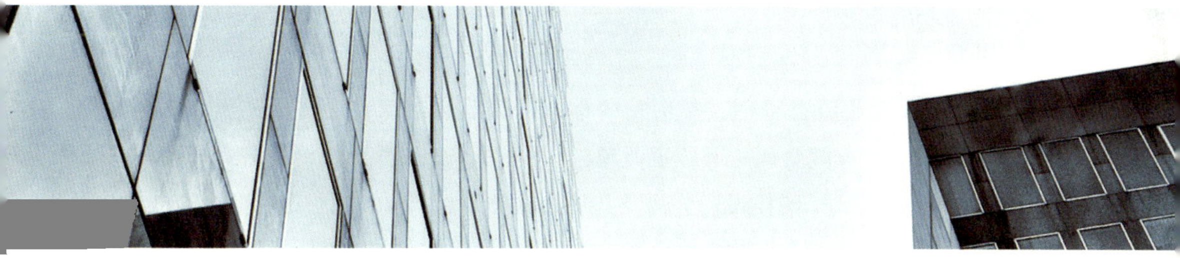

- 中国银行业监督管理委员会
- 中国证券监督管理委员会
- 中国保险监督管理委员会

01
中国银行业监督管理委员会

名词解释

中国银行业监督管理委员会，简称中国银监会或银监会。成立于2003年4月25日，是国务院直属正部级事业单位。根据国务院授权，统一监督管理银行、金融资产管理公司、信托投资公司及其他存款类金融机构，维护银行业的合法、稳健运行。

中国银监会于全国31个省（直辖市、自治区）和5个计划单列市设立了36家银监局，于306个地区（地级市、自治州、盟）设立了银监分局，于1730个县（县级市、自治县、旗、自治旗）设立了监管办事处，全系统参照公务员法管理。

中国银监会官网：http://www.cbrc.gov.cn

地址：北京市西城区金融大街甲15号　邮政编码：100033

涉及法律法规

《银行业监督管理法》

主要职责

根据《银行业监督管理法》的规定，中国银行业监督管理委员会负责对全

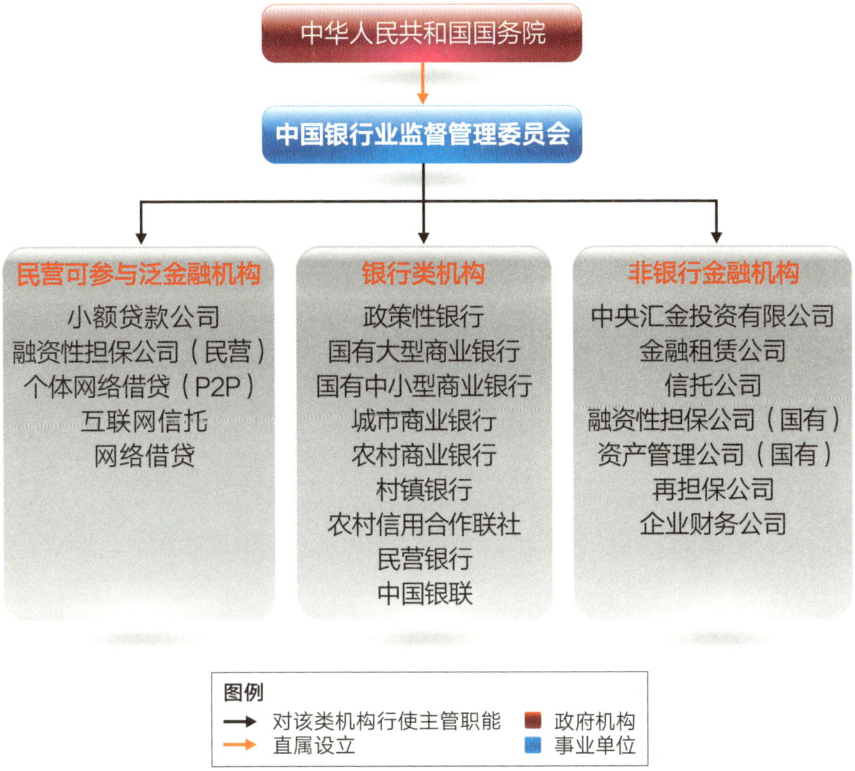

国银行业金融机构及其业务活动监督管理的工作。监管对象包括中华人民共和国境内设立的商业银行、城市信用合作社、农村信用合作社等吸收公众存款的金融机构以及政策性银行、金融资产管理公司、信托投资公司、财务公司、金融租赁公司以及经国务院银行业监督管理机构批准设立的其他金融机构。具体监管职责包括以下几方面：

一、监管

（1）制定并发布对银行业金融机构及其业务活动监督管理的规章、审慎经营规则；

（2）对银行业金融机构业务活动及其风险状况进行非现场监管和现场检查；

（3）对银行业金融机构实行并表监督管理；

（4）负责统一编制全国银行业金融机构的统计数据、报表，并按照国家有关规定予以公布；对银行业自律组织的活动进行指导和监督；

（5）对有违法经营、经营管理不善等情形的银行业金融机构予以撤销；

（6）对涉嫌金融违法的银行业金融机构及其工作人员以及关联行为人的账户予以查询；对涉嫌转移或者隐匿违法资金的申请司法机关予以冻结；

（7）对擅自设立银行业金融机构或非法从事银行业金融机构业务活动予以取缔。

二、审核

（1）审查批准银行业金融机构的设立、变更、终止以及业务范围；

（2）对银行业金融机构的董事和高级管理人员实行任职资格管理；负责国有重点银行业金融机构监事会的日常管理工作。

三、风险控制

（1）会同有关部门建立银行业突发事件处置制度，制定银行业突发事件处置预案，明确处置机构和人员及其职责、处置措施和处置程序，及时、有效地处置银行业突发事件；

（2）对已经或者可能发生信用危机，严重影响存款人和其他客户合法权益的银行业金融机构实行接管或者促成机构重组。

四、国际交流

开展与银行业监督管理有关的国际交流、合作活动；

此外，银监会还要承办国务院交办的其他事项。

内设部门及其职能

2015 年 1 月 20 日，银监会宣布启动成立 12 年来的首次组织架构大调整。此次调整从规制监管、功能监管、机构监管、监管支持四条线对内设机构重新进行职责划分和编制调整。

银监会在中国的金融生态圈中，也位于生态链的顶端。

1984 年起，中国形成了中央银行、专业银行的二元银行体制。中国人民银行履行对银行业、证券业、保险业、信托业的综合监管职能。

2003 年，根据第十届全国人民代表大会第一次会议批准的国务院机构改革方案，设立中国银行业监督管理委员会，为国务院直属正部级事业单位。

2003 年 4 月 28 日，中国银行业监督管理委员会正式挂牌成立，作为国务院直属的正部级事业单位，整合了中国人民银行对银行、资产管理公司、信托投资公司及其他存款类金融机构的监管职能和中央金融工委的相关职能。银监会运作以来，相继设立了 27 个部门，在地方上则实行垂直管理模式，于各省设立银监局，在各地级市设立银监分局。

在中国金融圈这个大家庭里，银监会是证监会和保监会之外的大管家。央行剥离了具体监管职能，只负责宏观调控，已经不再具体插手“家事”，而银监会则接过了印符，除了证券和保险的业务之外，这个大家庭里的大事小情都归银监会管。

所以在中国的金融市场体系里，您进入了金融这个行业，就要了解银监会的职能部门和相关职责，除了证券和保险的业务之外，其他任何和钱产生关系的业务，多多少少都要和银监会产生联系。

很多人幼稚地认为，如果在银行业金融机构参资入股，就可以拥有该金融机构的管理权和任免权，然而如果您搞清楚了银监会的监管职责，就知道这种想法有多荒谬了。在中国，银行业金融机构是国有控股一家独大的，拥有股权也并不意味着拥有了话语权。银监会作为监管机构，会直接指派管理人员行使真正的管理职责，哪怕在董事会里只有一名银监会的代表，他也拥有绝对的掌控权。

还有些民营企业家会认为，参资入股民营银行，可以通过该银行将所有的钱拿来为我所用，让银行变成为自己服务的“自家生意”，这种算盘打得也实在不太精明。在中国，银行业体系里，永远都轮不到个人说了算，大权永远在国家手里。

番外篇 | 北京的“金融版图”

细心的读者在看北京地图时，会发现一个有趣的现象：以中南海为原点，沿着长安街向东西两侧延展，可以勾勒出一个有趣的哑铃的形状，在哑铃的两端，分别聚集着中国金融界的权力机构与诸多豪门。长安街向西几公里外，有一条金融街，这里盘踞了以银监会和各大国有银行总部为代表的国有背景金融机构；而在东侧稍远的地方，就是大名鼎鼎的国贸，也被称为CBD，这里则汇聚了一群顶级的民营、外资背景的金融机构。

更有趣的是，在这两块金融机构聚集地区域内，分别坐落着两座商场，即金融街购物中心和北京SKP新光天地（原新光天地）。在这两处云集了众多奢侈品大品牌的豪华商场内，却呈现了两种迥异的景象：新光天地人头攒动、熙来攘往，消费者云集，被誉为高端消费购物的首选之地；而在金融街购物中心则是门可罗雀，冷清了许多，也被人称为北京最好的购物场——却是因为人少，免去了排队之苦，营业面积8.9万㎡的大商场，常常可见整个楼层里没有几个人影。至于原因吗，不妨揣测一下：新光天地所在的CBD地区，生存着民营和外资金融机构的从业者，他们收入颇高，喜欢到新光天地掷金血拼，以此舒缓工作上的压力；而金融街这边国有背景的从业人员，相比来说却是一群“穷人”——至少表现的要“穷”一些，手中荷包孰鼓孰薄难下定论，但谁也不愿做一个“表哥”被人拉出去游街示众，低调谨慎似乎是理所应当，也许，这群人的消费对比西侧那群人来说，确实没那么“名正言顺”吧。

相信在上海和深圳，也有类似的情况存在，这里面更多的有趣现象以及其深层次的真相，就留待我们的读者慢慢去品味和发掘吧！

02
中国证券监督管理委员会

名词解释

中国证券监督管理委员会，是国务院直属正部级事业单位，简称中国证监会或证监会。依照法律、法规和国务院授权，统一监督管理全国证券期货市场，维护证券期货市场秩序，保障其合法运行。1992年10月，国务院证券委员会（简称国务院证券委）和中国证券监督管理委员会（简称中国证监会）宣告成立，标志着中国证券市场统一监管体制开始形成。1995年3月，国务院正式确定中国证监会为国务院直属副部级事业单位，是国务院证券委的监管执行机构，依照法律、法规的规定，对证券期货市场进行监管。

中国证监会在省、自治区、直辖市和计划单列市设立证券监管局，在上海、深圳设置证券监管专员办事处。

中国证监会还设有发行审核委员会，发行审核委员会的委员由中国证监会专业人员和所聘请的会外有关专家担任，其独立于证监会。包括主板市场发行审核委员会、创业板市场发行审核委员会和上市公司并购重组审核委员会，统称为发审委，审核发行人的股票发行。发审委以投票方式对股票发行申请进行表决，提出审核意见。

中国证监会官网：http://www.csrc.gov.cn

地址：中国北京西城区金融大街19号富凯大厦

涉及法律法规

《证券法》

《证券公司监督管理条例》

《中国证券监督管理委员会发行审核委员会办法》

主要职责

依据有关法律法规，中国证监会在对证券市场实施监督管理中履行下列几方面的职责：

一、政策法规的制定与行政监管

（1）研究和拟订证券期货市场的方针政策、发展规划；起草证券期货市场的有关法律、法规，提出制定和修改的建议；制定有关证券期货市场监管的规章、规则和办法。

（2）垂直领导全国证券期货监管机构，对证券期货市场实行集中统一监管。

（3）按规定监管境内机构从事境外期货业务。

（4）管理证券期货交易所；按规定管理证券期货交易所的高级管理人员；归口管理证券业、期货业协会。

（5）监管证券期货经营机构、证券投资基金管理公司、证券登记结算公司、期货结算等机构；审批基金托管机构的资格并监管其基金托管业务。

（6）监管证券期货信息传播活动，负责证券期货市场的统计与信息资源管理。

（7）依法对证券期货违法违规行为进行调查、处罚。

二、对企业进入证券市场前、上市发行过程中以及退出后的所有证券市场行为进行监管

（1）监管股票、可转换债券、证券公司债券和国务院确定由证监会负责的债券、期货等及其他证券的发行、上市、交易、托管和结算；监管证券投资基金活动；批准企业债券的上市；监管上市国债和企业债券的交易活动。

（2）监管上市公司及其按法律法规必须履行有关义务的股东的证券市场行为。

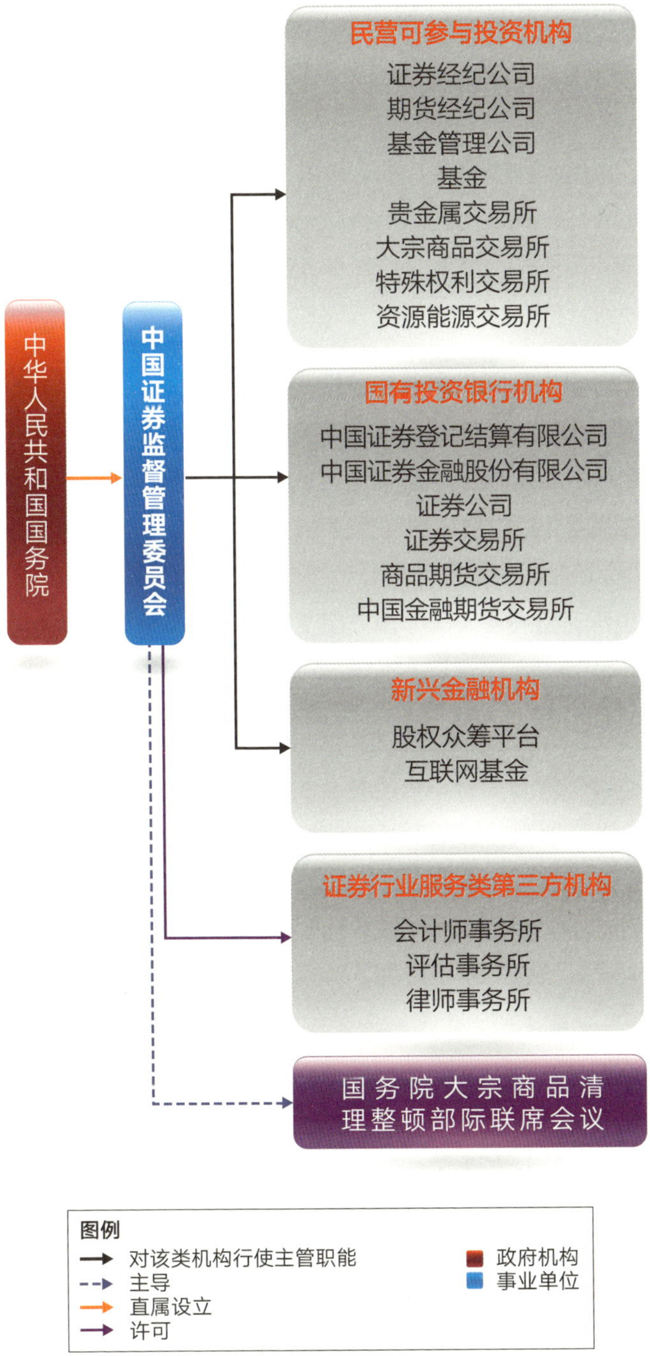
中华人民共和国国务院
中国证券监督管理委员会
民营可参与投资机构
证券经纪公司
期货经纪公司
基金管理公司
基金
贵金属交易所
大宗商品交易所
特殊权利交易所
资源能源交易所
国有投资银行机构
中国证券登记结算有限公司
中国证券金融股份有限公司
证券公司
证券交易所
商品期货交易所
中国金融期货交易所
新兴金融机构
股权众筹平台
互联网基金
证券行业服务类第三方机构
会计师事务所
评估事务所
律师事务所
国务院大宗商品清理整顿部际联席会议
图例
对该类机构行使主管职能
主导
直属设立
许可
政府机构
事业单位

（3）监管境内期货合约的上市、交易和结算。

三、证券机构、证券中介结构协会及其人员的管理

（1）管理有关证券公司的领导班子和领导成员。

（2）制定有关机构高级管理人员任职资格的管理办法并组织实施；指导中国证券业、期货业协会开展证券期货从业人员资格管理工作。

（3）会同有关部门审批会计师事务所、资产评估机构及其成员从事证券期货中介业务的资格。

四、境内外及国际证券事务的监管

（1）监管境内企业直接或间接到境外发行股票、上市以及在境外上市的公司到境外发行可转换债券；监管境内证券、期货经营机构到境外设立证券、期货机构；监管境外机构到境内设立证券、期货机构、从事证券、期货业务。

（2）归口管理证券期货行业的对外交往和国际合作事务。

此外，中国证监会还要承办国务院交办的其他事项。

内设部门及其职能

发行监管部：配合发行审核委员会共同展开工作，拟订在境内发行股票并上市的规则、实施细则，以及发行可转换公司债券的规则、实施细则；审核在境内首次公开发行股票的申请文件并监管其发行上市活动；审核上市公司在境内发行股票、可转换公司债券的申请文件并监管其发行上市活动等。

——主板、创业板、中小板的上市活动归这个部门管。目前市场上的并购重组即“买壳”也取决于发审委的决定。

非上市公众公司监管部：拟订股份有限公司公开发行不上市股票的规则、实施细则；审核股份有限公司公开发行不上市股票的申报材料并监管其发行活动；核准以公开募集方式设立股份有限公司的申请；拟订公开发行不上市股份有限公司的信息披露规则、实施细则并对信息披露情况进行监管；负责非法发行证券和非法证券经营活动的认定、查处及相关组织协调工作等。

——监管中国挂牌交易（非上市的交易所，即“新三板”）活动。

市场监管部：拟订监管通过证券交易所进行的证券交易、结算、登记、托

管的规则、实施细则；审核证券交易所及证券登记、托管、结算机构的设立、章程、业务规则，并监管其业务活动；审核证券交易所的上市品种；组织实施证券交易与结算风险管理；会同有关部门管理证券市场基金；收集整理分析证券市场基础统计资料；分析境内外证券交易行情；监管境内证券市场的信息传播活动；协调指导证券市场交易违规行为监控工作。

证券基金机构监管部：拟订证券期货经纪、证券承销与保荐、证券期货投资咨询、证券财务顾问、证券自营、融资融券、资产管理、资产托管、基金销售等各类业务牌照管理及持牌机构监管的规则、实施细则；依法审核证券、基金、期货各类业务牌照资格及人员从事证券、基金、期货业务的资格，并监管其业务活动；拟订公开募集证券投资基金的监管规则、实施细则；依法审核公开募集证券投资基金募集注册申请；拟订合格境外机构投资者的规则、实施细则；依法审核合格境外机构投资者资格并监管其业务活动；依法审核境外机构在境内设立从事证券、基金、期货经营业务的机构并监管其业务活动；牵头负责证券、基金、期货机构出现重大问题及风险处置的相关工作；拟订及组织实施证券、基金、期货行业投资者保护的规则、实施细则；指导相关行业协会开展自律管理等。

——证券公司、证券中介公司等的监管。

上市公司监管部：拟订监管上市公司的规则、实施细则；监管境内上市公司并购重组活动；监督和指导交易所、派出机构监管上市公司的信息披露工作；监督上市公司及其董事、监事、高级管理人员、主要股东履行证券法规规定的义务；牵头负责上市公司出现重大问题及风险处置的相关工作等。

——已经上市的公司的监管，某上市公司有3名股东实名制举报某上市公司有问题，该机构就有权力要求该公司给出解释，或者处以停牌的处罚。

期货监管部：拟订监管期货市场的规则、实施细则；依法审核期货交易所、期货结算机构的设立，并审核其章程和业务规则；审核上市期货、期权产品及合约规则；监管市场相关参与者的交易、结算、交割等业务活动；监管期货市场的交易行为；负责商品及金融场外衍生品市场的规则制订、登记报告和监测监管；负责期货市场功能发挥评估及对外开放等工作；牵头负责期货市场出现重大问题及风险处置的相关工作等。

公司债券监管部：拟订监管债券市场的规则、实施细则；审核债券市场的自律管理规则；审核公司债券公开发行并监管相关发行上市活动；监管公司债券非公开发行和转让活动；拟订资产证券化产品发行上市交易的监管规则、实施细则并监管其发行上市活动；协调指导证券自律组织的债券业务；审核证券资信评级机构从事债券业务的资格；负责债券市场部际协调工作等。

——根据该机构的职能来判断，未来的股权众筹的监管可能会由该机构来施行监管职责。

私募基金监管部：拟订监管私募投资基金的规则、实施细则；拟订私募投资基金合格投资者标准、信息披露规则等；负责私募投资基金的信息统计和风险监测工作；组织对私募投资基金开展监督检查；牵头负责私募投资基金风险处置工作；指导协会和会管机构开展备案和服务工作；负责私募投资基金的投资者教育保护、国际交往合作等工作。

——私募基金的备案工作实际上是受到这个部门的管理。

普华在线洞察
SINO-BALANCE ONLINE INSIGHT

中国证监会是中国证券行业的老大，在中国金融圈也有着举足轻重的地位，同样位于中国金融生态链的顶端。作为证券业的老大，所有涉及股票、公司债、期货、交易市场的各种交易商品以及围绕这些商品形成的市场、公司和相关执行体系，均是中国证监会全权监管。所以，进入中国金融市场，如果你从事的是投资公司、私募基金、股权众筹等，只要涉及股权投资，都要认真学习一下中国证监会的相关规则，按照证监会的规则进行经营活动，否则在依法治国的大环境下，可能会吃大亏。

番外篇 | 证监会的发展历程

1992 年 10 月，国务院证券委员会（简称国务院证券委）和中国证券监督管理委员会（简称中国证监会）宣告成立，标志着中国证券市场统一监管体制开始形成。国务院证券委是国家对证券市场进行统一宏观管理的主管机构。中国证监会是国务院证券委的监管执行机构,依照法律法规对证券市场进行监管。

1995 年 3 月，国务院正式批准《中国证券监督管理委员会机构编制方案》，确定中国证监会为国务院直属副部级事业单位，是国务院证券委的监管执行机构，依照法律、法规的规定，对证券期货市场进行监管。

1997 年 8 月，国务院研究决定，将上海、深圳证券交易所统一划归中国证监会监管；11 月，中央召开全国金融工作会议，将原由中国人民银行监管的证券经营机构划归中国证监会统一监管。

1998 年 4 月，根据国务院机构改革方案，决定将国务院证券委与中国证监会合并组成国务院直属正部级事业单位。经过这些改革，中国证监会职能明显加强，集中统一的全国证券监管体制基本形成。

1998 年 9 月，国务院批准了《中国证券监督管理委员会职能配置、内设机构和人员编制规定》，进一步明确中国证监会为国务院直属事业单位，是全国证券期货市场的主管部门，进一步强化和明确了中国证监会的职能。

03 中国保险监督管理委员会

名词解释

中国保险监督管理委员会（简称中国保监会）成立于1998年11月18日，是国务院直属事业单位。根据国务院授权履行行政管理职能，依照法律、法规统一监督管理全国保险市场，维护保险业的合法、稳健运行。

2003年，国务院决定，将中国保监会由国务院直属副部级事业单位改为国务院直属正部级事业单位，并相应增加职能部门、派出机构和人员编制。中国保险监督管理委员会内设16个职能机构和2个事业单位，并在全国各省、自治区、直辖市、计划单列市设有36个保监局，在苏州、烟台、汕头、温州、唐山市设有5个保监分局。

中国保监会官网：http://www.circ.gov.cn

地址：中国北京市西城区金融大街15号

涉及法律法规

《保险法》

《证券公司监督管理条例》

《中国证券监督管理委员会发行审核委员会办法》

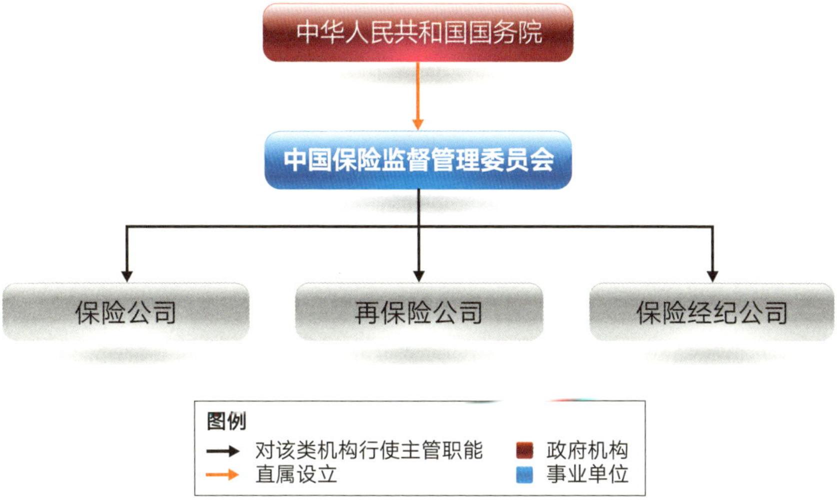

机构职能

中国保险监督管理委员会的职能包括：

（1）拟定保险业发展的方针政策，制定行业发展战略和规划；起草保险业监管的法律、法规；制定业内规章。

（2）审批保险公司及其分支机构、保险集团公司、保险控股公司的设立；会同有关部门审批保险资产管理公司的设立；审批境外保险机构代表处的设立；审批保险代理公司、保险经纪公司、保险公估公司等保险中介机构及其分支机构的设立；审批境内保险机构和非保险机构在境外设立保险机构；审批保险机构的合并、分立、变更、解散，决定接管和指定接受；参与、组织保险公司的破产、清算。

（3）审查、认定各类保险机构高级管理人员的任职资格；制定保险从业人员的基本资格标准。

（4）审批关系社会公众利益的保险险种、依法实行强制保险的险种和新开发的人寿保险险种等的保险条款和保险费率，对其他保险险种的保险条款和保险费率实施备案管理。

（5）依法监管保险公司的偿付能力和市场行为；负责保险保障基金的管理，监管保险保证金；根据法律和国家对保险资金的运用政策，制定有关规章制度，依法对保险公司的资金运用进行监管。

（6）对政策性保险和强制保险进行业务监管；对专属自保、相互保险等组织形式和业务活动进行监管。归口管理保险行业协会、保险学会等行业社团组织。

（7）依法对保险机构和保险从业人员的不正当竞争等违法、违规行为以及对非保险机构经营或变相经营保险业务进行调查、处罚。

（8）依法对境内保险及非保险机构在境外设立的保险机构进行监管。

（9）制定保险行业信息化标准；建立保险风险评价、预警和监控体系，跟踪分析、监测、预测保险市场运行状况，负责统一编制全国保险业的数据、报表，并按照国家有关规定予以发布。

（10）承办国务院交办的其他事项。

内设部门及其职能

中国保险监督管理委员会内设16个职能部门，我们需要了解的包括：

发展改革部：拟订保险业的发展战略、行业规划和政策；会同有关部门拟订保险监管的方针政策及防范化解风险的措施；会同有关部门研究保险业改革发展有关重大问题，提出政策建议并组织实施。

政策研究室：负责保监会有关重要文件和文稿的起草；研究国家大政方针在保险业的贯彻实施意见。

财产保险监管部（再保险监管部）：承办对财产保险公司的监管工作。拟定监管规章制度和财产保险精算制度。

人身保险监管部：承办对人身保险公司的监管工作。拟定监管规章制度和人身保险精算制度。

保险中介监管部：承办对保险中介机构的监管工作。

保险资金运用监管部：承办对保险资金运用的监管工作。

国际部：承办中国保险监督管理委员会与有关国际组织、有关国家和地区监管机构和保险机构的联系及合作。

法规部：拟订有关保险监管规章制度；起草有关法律和行政法规，提出制定或修改的建议。

中国保监会与银监会、证监会和央行同列中国金融监管的最高级别机构，通常被国内金融界统称为“一行三会”。“一行三会”是中国金融生态圈的顶级物种，在整个金融体系中位于主导地位。

“一行三会”的叫法最早起源于 2003 年。2003 年国务院机构改革，设置了银监会，同时确定保监会为国务院直属正部级单位，自此确立了中国金融的“一行三会”的金融业分业监管的格局。

在中国的金融体系中，包括银监会在内，最开始都是从央行的职能范围内剥离出来的，而后的证监会也与其有着千丝万缕的联系，但是保险行业则是个例外。中央政府在初期并未将保险行业视为金融行业中重要的一员。随着改革开放后市场经济的发展，保险行业逐渐成为中国金融市场上一股不可忽视的力量，掌控了大量的资金体量，盘活保险行业掌握的大量资金，有利于金融市场的健康发展。所以，当保险行业的“掌门人”保监会成立后，其地位也是与日俱增，并最终与央行和证监会一起成为中国金融市场的“操盘者”。

03
国家级协会篇

CHINA'S
FINANCIAL ECOSYSTEM

- 中国银行间市场交易商协会
- 中国证券投资基金业协会

01

中国银行间市场交易商协会

名词解释

中国银行间市场交易商协会于2007年9月3日经国务院同意，在民政部注册成立，为全国性的非营利性社会团体法人。是在国务院指导下，由金融市场参与者自愿组成的超大规模企业协会，内部包括银行间债券市场、同业拆借市场、外汇市场、票据市场和黄金市场在内的银行间市场的各种自律组织（包

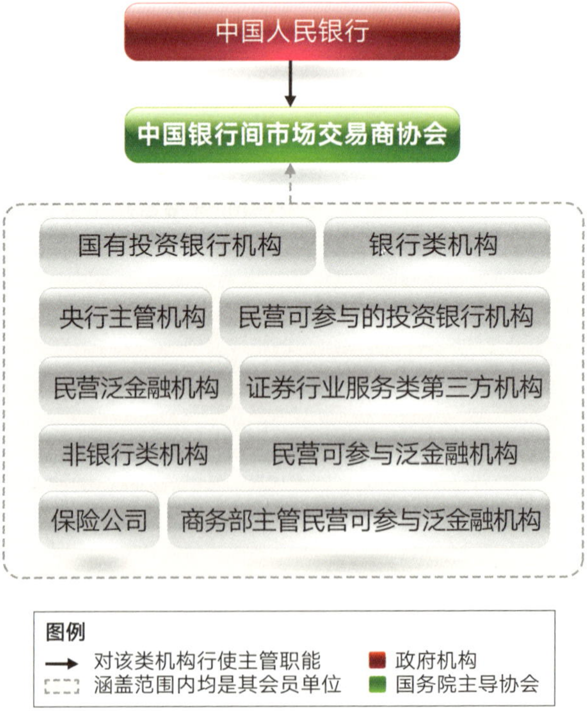

括分会和委员会），总部设在北京。其特殊性在于，其业务主管部门为中国人民银行。

主管机构

中国人民银行

会员构成

中国银行间市场交易商协会会员包括单位会员和个人会员，银行间债券市场、拆借市场、外汇市场、票据市场和黄金市场的参与者、中介机构及相关领域的从业人员和专家学者均可自愿申请成为协会会员。

协会单位会员涵盖政策性银行、商业银行、信用社、保险公司、证券公司、信托公司、投资基金、财务公司、信用评级公司、大中型工商企业等各类金融机构和非金融机构。

内部下设债券市场专业委员会、金融衍生品专业委员会、金币市场专业委员会、信用评级专业委员会、经纪业务专业委员会、法律专业委员会等。

成立中国银行间市场交易商协会有着重要的意义：

（1）设立市场自律组织，有利于加强市场自律管理，营造良好的市场发展环境。

（2）设立市场自律组织，有利于促进市场和政府的双向沟通，有效维护投资者权益，有力促进市场发展。

（3）设立市场自律组织，有利于促进市场专业化水平的提高。协会可以通过组织会员加强银行间市场业务方面的交流与培训，来提高从业人员的整体素质，促进市场参与者专业水平的提高。

中国的协会，一种是真正的由民间机构自发组织成立的，另一种则是由政府相关机构主导设立的。而中国银行间市场交易商协会就属于后者。在中国的金融生态圈里，国家级的协会是仅次于“一行三会”的准一级物种。

在中国的金融圈里，我们可以将中国银行间市场交易商协会看作是国务院指导下的中国所有最大的金融机构的高级 party，国内最有钱的那些大型金融机构、企业都可以在协会内部找项目寻求协作，国内需要资金的大项目都在这个体系里面寻找资金。于是那些有钱没时间看项目的机构和那些有项目却需要大量资金的双方就都在这里面直接成交。所以，我们经常会听到某企业发行了企业债或者中期票据，却从来不知道这些企业债是被谁买走了，中期票据都卖给了谁。原因何在呢？实际上，国内能发行企业债的，几乎都是银行间市场交易商协会的会员，这些企业往往不再去市场上找其他机构，而是将需求和第一手信息直接传递给协会内部的其他会员，所以债券在协会内部就直接被其他会员机构买走了。可以这么说，如果还不够级别，不能进入这个协会，那对于这些可以保证回报的优质债券，恐怕就只能一直“只闻其声不见其人”了。

在国内，一个民营企业如果要做金融业务，应该削尖了脑袋加入这个协会，一旦成为这个协会的会员，您就可以将这个信息印在名片上最显眼的位置，您可以对别人说，中国所有最有钱的金融机构的钱都在我们协会里。

开个玩笑说，如果我们可以假设在国内还能有一个比中央政府还有钱的组织存在，那么除了中国银行间市场交易商协会，别无他选。

02 中国证券投资基金业协会

名词解释

中国证券投资基金业协会是在国务院的指导下，由中国证券投资基金行业相关机构自愿结成的全国性、行业性、非营利性社会组织，于 2012 年 7 月获得民政部的批复成立。协会会员包括基金管理公司、基金托管银行、基金销售机构、基金评级机构及其他资产管理机构、相关服务机构及其他与证券投资基金有关的机构。

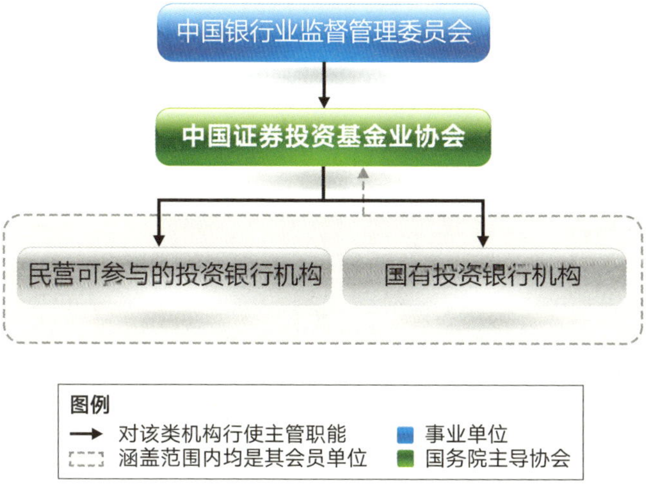

主管机构

中国证券监督管理委员会

会员构成

中国证券投资基金业协会的会员分为普通会员、联席会员、观察会员、特别会员。

公募基金管理人、基金托管人、符合协会规定条件的私募基金管理人（有限合伙企业），加入本团体，成为普通会员。

基金服务机构加入本团体，成为联席会员。

不符合普通会员条件的其他私募基金管理人，加入本团体，成为观察会员。

证券期货交易所、登记结算机构、指数公司、经副省级及以上人民政府民政部门登记的各类基金行业协会、境内外其他特定机构投资者等，加入本团体，成为特别会员。

职责范围

中国证券投资基金业协会的职责范围包括：

（1）教育和组织会员遵守有关法律和行政法规、维护投资人合法权益；

（2）依法维护会员的合法权益，反映会员的建议和要求；

（3）制定和实施行业自律规则，监督、检查会员及其从业人员的执业行为，对违反自律规则和协会章程的，按照规定给予纪律处分；

（4）制定行业执业标准和业务规范，组织基金从业人员的从业考试、资质管理和业务培训；

（5）为会员提供服务，组织投资者教育，收集、整理、发布行业数据信息，开展行业研究、行业宣传、会员交流、国际交流与合作，推动行业创新发展；

（6）对会员之间、会员与客户之间发生的基金业务纠纷进行调解；

（7）依法办理私募基金管理人登记、私募基金产品备案；

（8）根据法律法规和中国证监会授权开展相关工作。

中国证券投资基金业协会作为中国金融圈里国家级的协会之一，同属于中国金融生态链条的准一级物种。

中国证券投资基金业协会简称中国基金业协会，因此经常被金融从业者和外界人员误读为中国基金业的协会，实际上，在中国的金融体系中，其所涉及的范围仅限于证券类的投资基金。换句话说，该协会实际上与一般的基金公司、基金会等均没有任何关系。

由于国家在近期的相关法规和政策中，已经明确表示只有在该协会备案的基金管理公司和股权私募基金才能够作为中国证券投资的主体，参与中国证券投资市场的公募和私募等投资行为，所以到该协会备案并成为会员单位，已经形成了中国私募基金市场上的潮流。

事实上，中国证券投资基金业协会的管辖业务仅限于证券投资一项。其投资包括企业上市前的股权的公募和私募，以及企业上市后的股权形成股票后的公募、私募及衍生品交割，只有涉及上述领域的投资，才可能与该协会产生相关的业务关系。我们在市场中发起设立的基金管理公司或股权私募基金（有限合伙企业）等机构，如果不涉足证券投资基金的相关业务，就不会与该协会产生交集。如果你的基金管理公司和股权私募基金不打算投资于已上市公司或参与股票买卖等相关业务，是不需要到该协会备案或者成为该协会会员的。

04
超级组织篇

CHINA'S
FINANCIAL ECOSYSTEM

- 国务院部际联席会议办公室
- 国务院国有资产监督管理委员会

01
国务院部际联席会议办公室

名词解释

国务院部际联席会议是为了协商办理涉及国务院多个部门职责的事项，由国务院批准建立，各成员单位按照共同商定的工作制度，及时沟通情况，协调不同意见，以推动某项任务顺利落实的工作机制。部际联席会议其实是一种制度。

由于中国的金融市场管理过程中涉及的领域、机构、管理范畴极其复杂繁多，由单一部委、单一事业单位来管控协调某项特殊的业务，是十分困难的，为了让这些涉及国家意志的大型或特殊市场活动，能够得到指导和管控，在国务院主导下，建立了金融监管协调部际联席会议和清理整顿各类交易场所部际联席会议。

通常情况下为了便于联席会议的日常工作，会由牵头的部委会设立一个办公室，所以此处直接称为国务院部际联席会议办公室。

金融监管协调部际联席会议

为进一步加强金融监管协调，保障金融业稳健运行，2013 年 8 月 15 日国务院发布批复，同意建立由中国人民银行牵头的金融监管协调部际联席会议制度。金融监管协调部际联席会议是负责货币政策与金融监管政策之间的协调的部际联席会议。

金融监管协调部际联席会议由中国人民银行牵头，成员单位包括银监会、证监会、保监会、外汇局，必要时可邀请发展改革委、财政部等有关部门参加。人民银行行长担任联席会议召集人，各成员单位主要负责同志为组成人员。联

席会议联络员由成员单位有关司局负责同志担任。联席会议成员因工作变动需要调整的，由所在单位提出，联席会议确定。

金融监管协调部际联席会议办公室设在中国人民银行，承担金融监管协调日常工作。

金融监管协调部际联席会议的主要职责和任务包括：

（1）货币政策与金融监管政策之间的协调；

（2）金融监管政策、法律法规之间的协调；

（3）维护金融稳定和防范化解区域性系统性金融风险的协调；

（4）交叉性金融产品、跨市场金融创新的协调；

（5）金融信息共享和金融业综合统计体 系的协调等。

清理整顿各类交易场所部际联席会议

为贯彻落实《国务院关于清理整顿各类交易场所切实防范金融风险的决定》（国发〔2011〕38 号），切实加强清理整顿各类交易场所工作的组织领导，规范市场秩序，防范金融风险，维护社会稳定，经国务院同意，建立清理整顿各类交易场所部际联席会议。

清理整顿各类交易场所部际联席会议由证监会牵头，发展改革委、科技部、工业和信息化部、公安部、监察部、财政部、国土资源部、环境保护部、农业部、商务部、文化部、中国人民银行、国资委、工商总局、广电总局、林业局、知识产权局、法制办、银监会、保监会，以及中央宣传部、高法院、高检院等有关单位参加。联席会议召集人由证监会有关负责人担任，各成员单位有关负责人为联席会议成员。

联席会议可根据工作需要，邀请相关部门参加。联席会议成员因工作变动需要调整的，由所在单位提出，联席会议审核后按程序报备。

联席会议办公室设在证监会，承担日常工作，落实联席会议的有关决定。联席会议联络员由成员单位有关司局负责人担任。

清理整顿各类交易场所部际联席会议主要是侧重于处理证券市场及衍生的国内外重大事件，其主要职责包括：

（1）在国务院的领导下，会同有关部门和省级人民政府，明确任务分工，加强协调配合，切实有效地贯彻落实国务院关于清理整顿各类交易场所的方针和政策。

（2）研究清理整顿各类交易场所的相关法律法规和政策文件，提出完善相关法律法规和有关规章制度的意见和建议，提供政策解释，组织制定有关规章。

（3）统筹协调、督促、指导省级人民政府开展各类交易场所清理整顿工作。

（4）根据相关单位的要求，组织有关部门和省级人民政府对各类交易场所涉嫌违法证券期货交易活动进行性质认定，并由证监会依法出具认定意见。

（5）督导有关部门和省级人民政府建立对交易场所和交易产品的规范管理制度。

（6）对省级人民政府拟批准设立的交易所提出意见。

（7）汇总各部门、省级人民政府报送的清理整顿各类交易场所工作情况，并及时上报国务院。

（8）国务院交办的其他事项。

国务院部际联席会议是中国金融监管体系中的重要一环，在中国金融生态圈中位于生态链的顶端。

20 世纪以来，世界范围内，历次金融危机最初都是从衍生市场开始的，所以中国政府也一向非常关注衍生市场的稳定。在中国的金融体系中，证券期货市场及其衍生市场的稳定性会影响到整个中国金融市场，所以中央政府也特别关注和重视，所以实际上部级联席会议的设立，就是代替中央政府来执行稳定各级的证券期货交易市场及其衍生交易市场的各项政策的。

在国内，识别一个交易所或其他交易机构是否合法，只需验证其是否已经在国务院联席会议备案,如果该交易机构没有备案登记,即可以认定其是非法的。查询的方法也简单，部级联席会议办公室会在每一年将其备案通过的机构名单进行公示，所以很多时候只要您懂这个行业里的规则，想防骗子并不难。

02 国务院国有资产监督管理委员会

名词解释

国务院国有资产监督管理委员会，简称国资委，是根据全国人大批准的国务院机构改革方案和《国务院关于机构设置的通知》设置的国务院直属正部级特设机构。其法律属性在目前没有相关的正式法律予以确认，所以属于特设综合性机构。

涉及法律法规

《企业国有资产法》

《国务院国有资产监督管理委员会主要职责内设机构和人员编制规定》（国办发〔2003〕28号）

《国务院国有资产监督管理委员会关于设立市（地）级人民政府国有资产监督管理机构指导意见的通知》（国办发〔2004〕84号）

机构职能

根据相关法律法规的规定，国资委的职能主要包括：

（1）根据国务院授权，依照《中华人民共和国公司法》等法律和行政法规履行出资人职责，监管中央所属企业（不含金融类企业）的国有资产，加强国有资产的管理工作。

（2）承担监督所监管企业国有资产保值增值的责任。建立和完善国有资

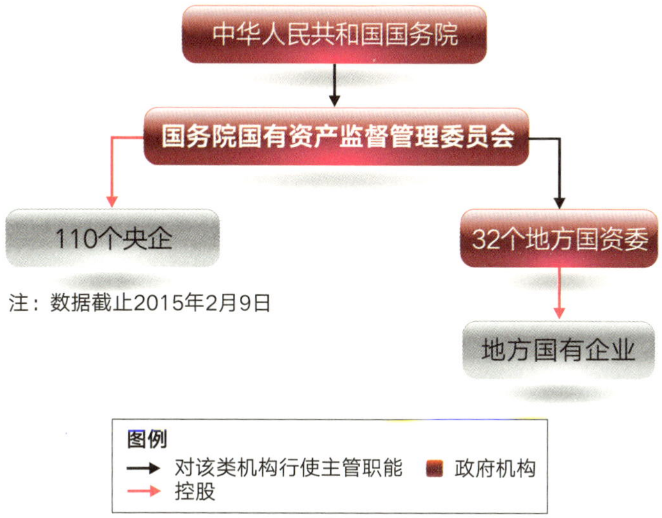

产保值增值指标体系，制订考核标准，通过统计、稽核对所监管企业国有资产的保值增值情况进行监管，负责所监管企业工资分配管理工作，制定所监管企业负责人收入分配政策并组织实施。

（3）指导推进国有企业改革和重组，推进国有企业的现代企业制度建设，完善公司治理结构，推动国有经济布局和结构的战略性调整。

（4）通过法定程序对所监管企业负责人进行任免、考核并根据其经营业绩进行奖惩，建立符合社会主义市场经济体制和现代企业制度要求的选人、用人机制，完善经营者激励和约束制度。

（5）按照有关规定，代表国务院向所监管企业派出监事会，负责监事会的日常管理工作。

（6）负责组织所监管企业上交国有资本收益，参与制定国有资本经营预算有关管理制度和办法，按照有关规定负责国有资本经营预决算编制和执行等工作。

（7）按照出资人职责，负责督促检查所监管企业贯彻落实国家安全生产方针政策及有关法律法规、标准等工作。

（8）负责企业国有资产基础管理，起草国有资产管理的法律法规草案，制定有关规章、制度，依法对地方国有资产管理工作进行指导和监督。

（9）承办国务院交办的其他事项。

在前文中，我们已经说过，中国人民银行、中国银行业监督管理委员会、中国证券监督管理委员会和中国保险监督管理委员会组成了中国金融监管体系中最顶端的“一行三会”。“一行三会”也是中国金融生态圈中的顶级生物。到这里，顶级生物的序列中又多了一个成员——国务院国有资产监督管理委员会。

在国资委出现之前，我国的国有资产管理一直存在着一个“所有者缺位”的问题，依照法律，所有的国有资产都是国家的，但是由谁来代表国家履行该职责，一直都是个悬而未决的问题，长期存在“五龙治水”的混乱局面。相关的部门机构都在管，但又都不管，权责划分混乱也导致了责任推诿。于是国企出现了“干多干少一个样，干好干坏一个样”的现象。

在这种情况下，国家决定指定某一个机构来承担这个职责，第一个列入候选的是国务院各部委，但问题又出现了，各部委都属于政府机构，而当时大家已经达成了一个共识，就是办这件事需要到市场上去聘用专业人才，而这批人不会接受政府机构体制内的公务员的收入水平，于是各部委就先被否决了。

第二个候选是事业单位，但事业单位的性质是非营利性，一般是公益和慈善组织，而管理国有资产这件事需要的是企业行为，于是事业单位也被否决掉了。最终，在权衡个方面因素之后，就出现了国资委这个国务院直属正部级特设机构。这个机构既不是政府机构，也不是事业单位，还不是企业，所以才是“特设机构”。

国资委从社会各界中遴选各领域专家和人才，以高薪聘请，所以国资委的核心人才的收入都是远高于同级的政府公务人员。同时由于国资委的特殊属性，他们的权利也超大，所有大型国企如中石油、中石化这样的行业巨头，其核心管理团队也都要由国资委任免和考核。

在金融业务的实践过程中，我们了解到国资委的这些特点，也就能够清楚跟所有银行、证券、保险等国有背景的金融机构打交道的过程。当你的业务合作对象是一家国有背景的企业或金融机构时，你要注意一点，您的企业与该机构的合作，所有达成的协议合同，最终都要得到其背后的国资委的认可才可能

财富挖掘机

全球第一台可以边学习边赚钱的平板电脑

Wealth Excavator
财富挖掘机 让学习赚钱

金融学习8大痛点

1、都知金融赚钱，不知从何学起；
2、无背景无资源，入门举步维艰；
3、报班N多，学完毫无收获；
4、工作忙时间少，学习总是两地跑；
5、学习问题无处咨询，实践无人指导；
6、专家大师理论头头是道，谈实操只言片语；
7、网络发达骗局多，提心吊胆难避祸；
8、国家政策难把握，好商机不断错过。

【财富挖掘机——您最值得信赖的金融学习助手】

金融是简单的事情，我们一教你就会，金融是复杂的事情，我们不教你永远学不会。

入门　精通　只需1个月　大师　小白

1 课程体系

金融课堂　时事评说　圈里圈外　妙招问答　金融百科

2 课程更新

根据最新政策、市场经济环境研发课程，每月免费更新20节以上。

3 讲师权威

翟山鹰老师
主　讲

20年金融实操经验积累，中国唯一一个辅导过上百家上市公司、使数百名企业家一年内资产增值过亿的资本教父。

4 学习方式

颠覆传统学习方式，打造O2O学习平台。

线上教学+线下互动

5 奖学金奖励

天天学习，天天返奖学金，鼓励大家认真学习，5年连续返还。

6 高端资源

学员资源全部共享，24小时线上社群+线下活动，结交好友，对接项目，全方位拓展人脉资源，永久踏入金融圈子。

产生效力，即便该合同已经由该企业的董事会认可，甚至签署，但只要涉及该机构企业的国有资产的变化，或该机构重大业务的调整，该合同都要上报国资委，最终要由国资委来决定。如果该项目无法通过国资委即出资人的审批得到肯定的批复，是无法付诸实施的。

对此有兴趣的读者，可以去了解一下曼哈顿和华阳科技的案例。

05 超级企业篇

- 中央汇金投资有限公司
- 中国证券金融股份有限公司
- 中国国际金融股份有限公司
- 中国证券登记结算有限责任公司

01

中央汇金投资有限公司

名词解释

中央汇金投资有限责任公司（以下简称中央汇金公司）是中国投资有限责任公司（以下简称中投公司）的全资子公司，是依据《公司法》设立的国有独资公司。

中央汇金公司根据国务院授权，对国有重点金融企业进行股权投资，以出资额为限代表国家依法对国有重点金融企业行使出资人权利和履行出资人义务，实现国有金融资产保值、增值。中投公司根据国务院要求持有中央汇金公司股权。中投公司开展投资业务和中央汇金公司代表国家行使股东职能的行为之间有严格的隔离。中投公司对中央汇金公司行使股东职能，而中央汇金公司对其控股参股的机构行使完整的股东职能。

中央汇金公司作为主管金融行业特殊性质的“国资委”，不开展商业性经营活动。也不干预其控股的国有金融企业的经营。

主管机构

中国投资有限责任公司

经营范围

中央汇金公司的经营范围是：根据国务院授权，对国有重点金融企业进行股权投资；国务院批准的其他相关业务。

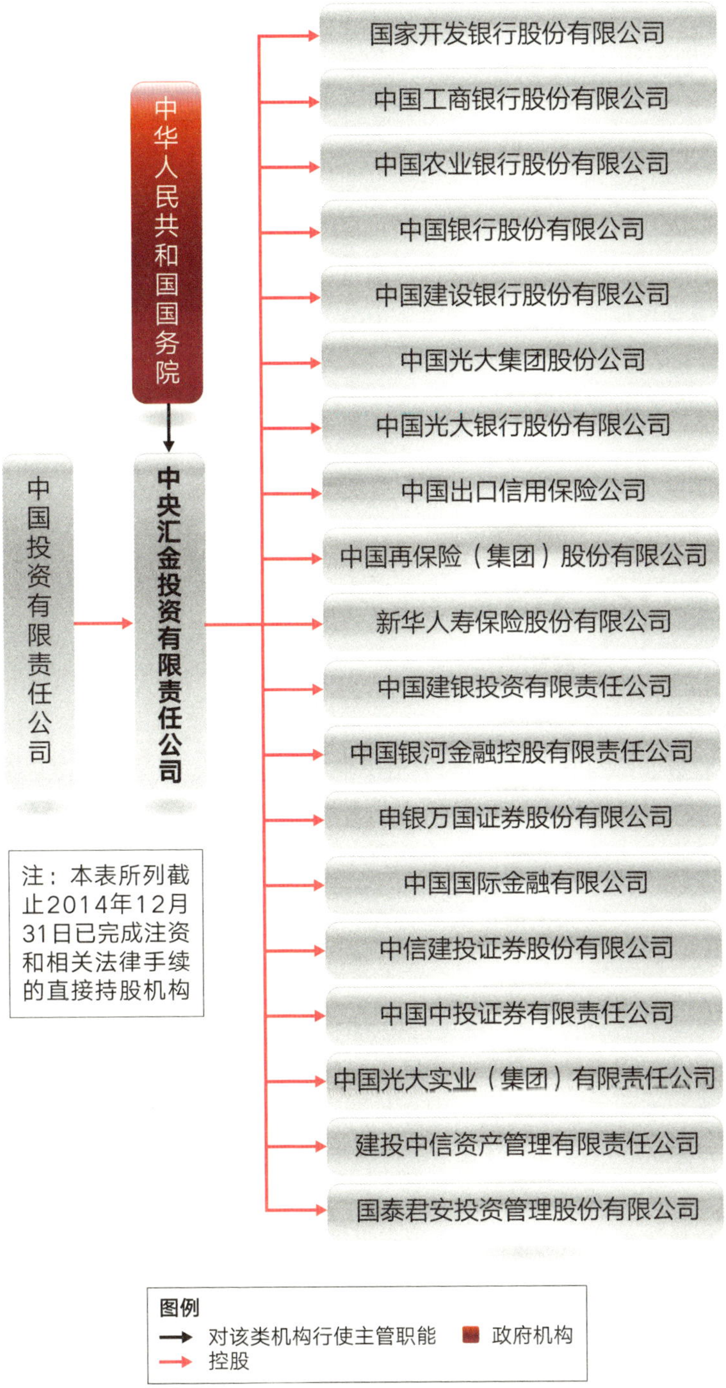
中华人民共和国国务院
中国投资有限责任公司
中央汇金投资有限责任公司
国家开发银行股份有限公司
中国工商银行股份有限公司
中国农业银行股份有限公司
中国银行股份有限公司
中国建设银行股份有限公司
中国光大集团股份公司
中国光大银行股份有限公司
中国出口信用保险公司
中国再保险（集团）股份有限公司
新华人寿保险股份有限公司
中国建银投资有限责任公司
中国银河金融控股有限责任公司
申银万国证券股份有限公司
中国国际金融有限公司
中信建投证券股份有限公司
中国中投证券有限责任公司
中国光大实业（集团）有限责任公司
建投中信资产管理有限责任公司
国泰君安投资管理股份有限公司
注：本表所列截止2014年12月31日已完成注资和相关法律手续的直接持股机构
图例
对该类机构行使主管职能
控股
政府机构

控股机构

截至2013年12月31日，中央汇金公司控股、参股的机构包括国家开发银行股份有限公司、中国工商银行股份有限公司、中国农业银行股份有限公司、中国银行股份有限公司、中国建设银行股份有限公司、中国光大银行股份有限公司、中国出口信用保险公司、中国再保险（集团）股份有限公司、新华人寿保险股份有限公司、中国建银投资有限责任公司、中国银河金融控股有限责任公司、申银万国证券股份有限公司、中国国际金融有限公司、中信建投证券有限责任公司、中国中投证券有限责任公司、中国光大实业（集团）有限责任公司、建投中信资产管理有限责任公司、国泰君安投资管理股份有限公司等。

普华在线洞察
SINO-BALANCE ONLINE INSIGHT

中央汇金公司的设立，更多的是出于中央政府对我国金融行业的战略考虑，是为了加强对金融行业国有控股机构的监管，与国资委共同行使对相关金融机构的管理职能。

中国政府对大量的关键机构的管理，都施行双重节制，实质上是分权，其目的还是为了管理的稳定性，不求效率高，但求安全。

鉴于其国家出资的背景，中央汇金公司拥有的资金体量几乎可以认为是“无限大”，所以在理论上中央汇金公司投资控股的所有机构可以永远不倒闭，只要需要资金，中央汇金公司就可以继续追加投资。所以，中央汇金公司投资的金融机构，都可以迅速占据世界金融机构排行榜的前列。

02
中国证券金融股份有限公司

名词解释

中国证券金融股份有限公司是经国务院及中国证券监督管理委员会批准，由上海证券交易所、深圳证券交易所和中国证券登记结算有限责任公司共同发起设立的证券类金融机构，业内通常简称为证金公司，成立于2011年10月28日，注册资本金75亿元人民币。

主管机构

中国证券监督管理委员会

职责范围

中国证券金融股份有限公司的职责范围包括：

（1）为证券公司融资融券业务提供转融通服务；

（2）对证券公司融资、融券业务运行情况进行监控；

（3）监测分析全市场融资融券交易情况，运用市场化手段防控风险；

（4）以及中国证券监督主管部门批准的其他职责。

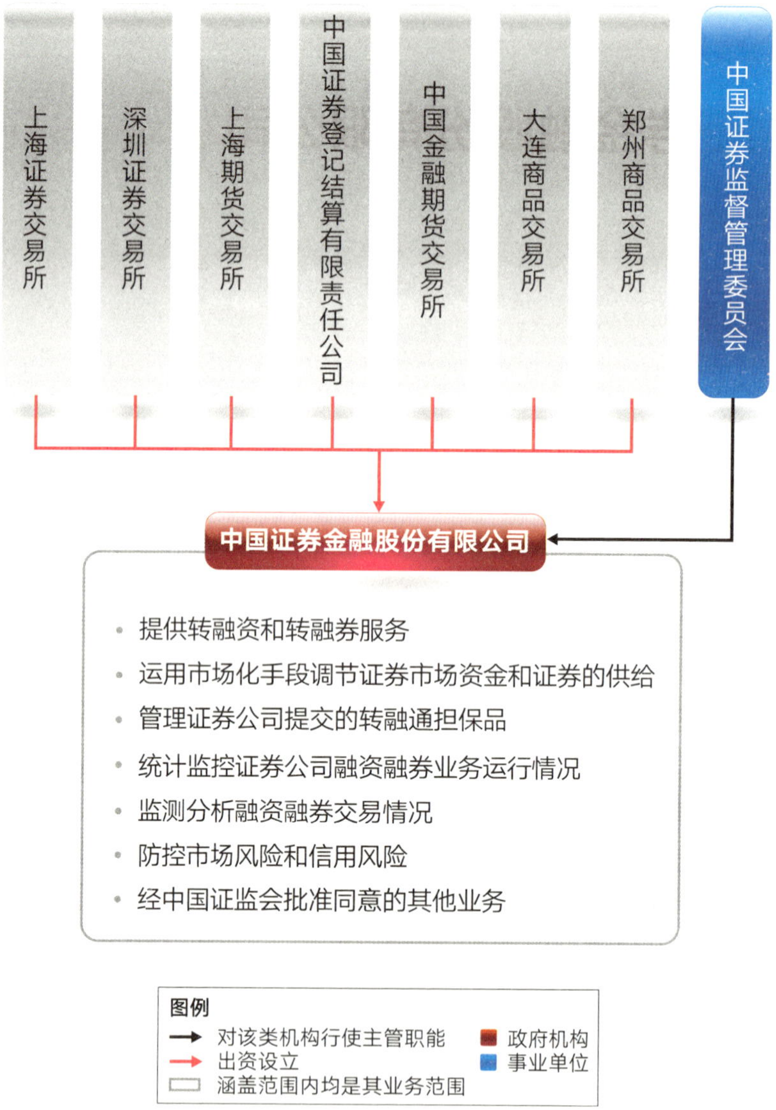
上海证券交易所
深圳证券交易所
上海期货交易所
中国证券登记结算有限责任公司
中国金融期货交易所
大连商品交易所
郑州商品交易所
中国证券监督管理委员会
中国证券金融股份有限公司
提供转融资和转融券服务
运用市场化手段调节证券市场资金和证券的供给
管理证券公司提交的转融通担保品
统计监控证券公司融资融券业务运行情况
监测分析融资融券交易情况
防控市场风险和信用风险
经中国证监会批准同意的其他业务
图例
对该类机构行使主管职能
出资设立
涵盖范围内均是其业务范围
政府机构
事业单位

中国证券金融股份有限公司（以下简称证金公司）作为转融通业务的主导机构，在中国的证券市场上有着举足轻重的地位。每一个准备进入中国股票交易市场的新手乃至操盘老兵在内，都应该听说过证金公司的鼎鼎大名。证金公司是中央政府稳定中国证券市场的重要手段，是实施国家证券相关政策的渠道和支点，其实大家可以把证金公司看作是中央政府控制股票交易市场的一个最大的“庄家”。

2015 年 6 月份，国内股市出现严重动荡，“国家队”开始出场救市，而证金公司是“国家队”救市的“钱袋子”，成为救市资金流入市场的最主要的通道。为了救市，2015 年 7 月 3 日，中国证监会宣布证金公司将进行第三次增资扩股，注册资本从 240 亿元增至 1000 亿元；随后，17 家商业银行总计借予证金公司 1.3 万亿元，证金公司取得的商业银行授信规模达到约 2 万亿元；由此，为支持股市，证金公司可以动用的资金规模达到 2.5 万到 3 万亿元，如果考虑到 10 倍杠杆力量，证金公司可以调动的资金体量甚至可以达到 30 万亿的规模。要知道，通常情况下中国证券市场 1 天的交易量都不足 1 万亿，从这一点也可以看出，证金公司之于中国股票市场，是怎样的一个重量级的存在。某种程度上讲，证金公司就完全可以左右中国股市的涨跌行情，股市是涨还是跌，就要看他们的意愿了。

03 中国国际金融股份有限公司

名词解释

中国国际金融股份有限公司，业内通常简称“中金公司”，成立于1995年，是由国内外著名金融机构和公司基于战略合作关系共同投资组建的中国第一家中外合资投资银行，注册资本为2.25亿美元。

作为中国第一家中外合资投资银行，中金公司致力于为国内外机构及个人客户提供高品质的投资银行服务，业务范围覆盖证券研究、股本与债务发行与承销、兼并收购财务顾问、证券销售交易、固定收益、资产管理、个人财富管理、直接投资等诸多领域。

中金公司总部设在北京，在上海设有分公司，在北京、上海、深圳等15个城市分别设有证券营业部。随着业务范围的不断拓展，中金公司亦积极开拓海外市场，在香港、纽约、新加坡和伦敦设有子公司，初步建立了全球化的业务平台。

主要股东

中央汇金投资有限责任公司

业务范围

中国国际金融股份有限公司的主要业务范围包括：

（1）人民币特种股票、人民币普通股票、境外发行股票，境内外政府债券、公司债券和企业债券的经纪业务；

（2）人民币特种股票、境外发行股票，境内外政府债券、公司债券和企业债券的自营业务；

（3）人民币普通股票、人民币特种股票、境外发行股票，境内外政府债券、公司债券和企业债券的承销业务；

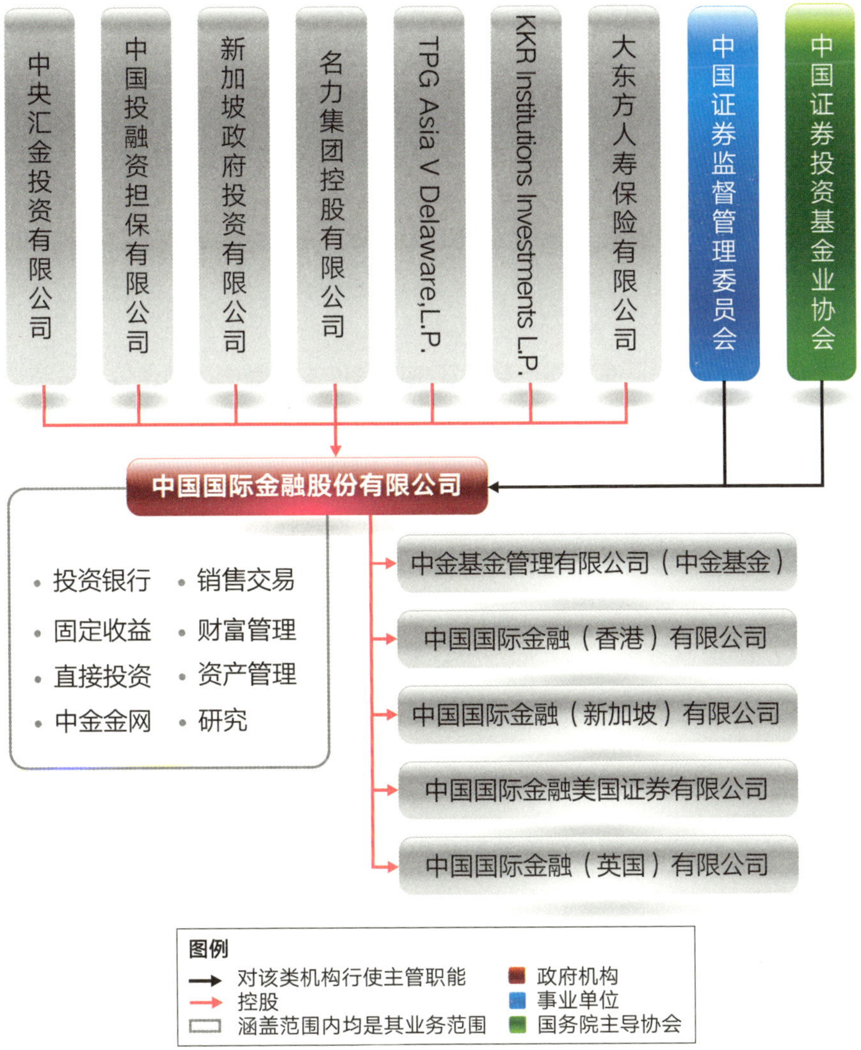

（4）基金的发起和管理；

（5）企业重组、收购与合并顾问；

（6）项目融资顾问；

（7）投资顾问及其他顾问业务；

（8）外汇买卖；

（9）境外企业、境内外商投资企业的外汇资产管理；

（10）同业拆借；

（11）客户资产管理。

普华在线洞察 SINO-BALANCE ONLINE INSIGHT

中金公司与中央汇金公司一样，在中国金融生态圈中，都是位于生态链顶端的豪门。作为中央政府指定参与国际金融业务的跨境金融机构，中金公司在连接中国金融市场和海外金融市场中起到了重要的桥梁作用。

作为中国第一家投资银行，从 1995 年诞生之日起，中金公司就是中国投行界无可争议的领军者和行业标杆。2009 年之前，国内投行中无人能与中金相比。然而，如今虽然还顶着“中国最顶尖的投行”这一光环，由于过分倚重 IPO 业务，在 IPO 业务没落之后，中金整体业绩大幅下滑。

中金成立之初，国内大型国企包括三大国有商业银行的上市都由中金做主承销商。大国企的超大发行规模给中金贡献了丰厚的利润，也铸就了中金无可争议的行业领导地位。然而到了 2010 年，中金的 IPO 业务急转直下，随着大国企上市资源的逐渐枯竭，中金的利润来源也大量减少，已经不复当初的一家独大的优势。

当然，即便遭遇发展困境，但作为国有控股背景的超级豪门，中金公司永远都会是中国金融市场上不可忽视的顶级物种之一。

04 中国证券登记结算有限责任公司

名词解释

中国证券登记结算有限责任公司是经中国证监会批准，于 2001 年 3 月 30 日成立的不以营利为目的的企业法人。2001 年 10 月 1 日起，上海、深圳证券交易所承担的全部证券登记结算业务划归中国结算承担，自此全国集中统一运营的证券登记结算体制由此形成。

主管机构

中国证券监督管理委员会

职能范围

中国证券登记结算有限责任公司的职能范围包括：

（1）证券账户、结算账户的设立和管理；

（2）证券的存管和过户；

（3）证券持有人名册登记及权益登记；

（4）证券和资金的清算交收及相关管理；

（5）受发行人的委托派发证券权益；

（6）依法提供与证券登记结算业务有关的查询、信息、咨询和培训服务；

（7）中国证监会批准的其他业务。

公司对登记结算系统参与者提供的主要服务内容：

（1）为上市公司等证券发行人提供持有名册、证券权益派发、公司行为网络投票、股权激励和员工持股计划等服务。

（2）通过电子化证券簿记系统为证券持有人设立证券账户，提供登记、存管服务及证券交易后的证券交收服务。

（3）为结算参与人设立担保和非担保资金交收账户，为证券、金融衍生品交易提供清算、交收服务。就场内集中交易的证券品种，公司作为中央对手方（CCP）以结算参与人为单位，提供多边净额担保结算服务。就非场内集中交易的证券品种，提供双边全额、双边净额、实时逐笔全额（RTGS）及资金代收付服务。

（4）为公募、私募基金发行人提供基金资产的托管服务。

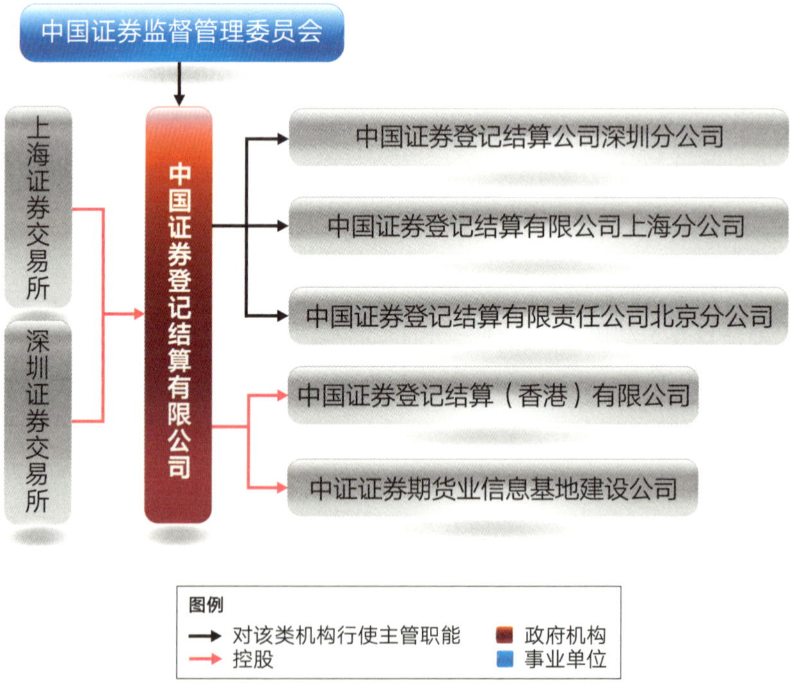

在国内，是否在中国证券登记结算有限责任公司（以下简称中证登公司）登记，是区分一家企业究竟是上市公司还是挂牌公司的最权威的标志。因为在中国，企业是上市还是在地方股权交易中心挂牌，以其是否在中证登公司登记为准。

凡是公开上市的企业以及被允许在公开市场交易的企业，其每一张股权证均要在中证登公司登记；而非公开上市的公司，在地方交易所挂牌，仅需在地方交易所的股权托管中心或股权登记中心登记，该类公司在事实上的交易范畴、业务领域均与中国证监会监管的中国证券交易市场无关。以上海证券交易所和上海股权交易中心为例，只有上海证券交易所挂牌才是真的上市，而在上海股权交易中心挂牌，则并非我们常说的上市。

在中国的证券市场里，只有公开上市的企业才能获得真正的融资能力和较高的交易换手率，也就是我们常说的主板、创业板和中小板。而在股权交易中心挂牌的企业，其融资的可能性较小，目前的流通性很低，目前非常火爆的新三板就属于这种，其性质属于挂牌，而非上市。流通率低，就决定了企业在这个市场里融资的可能性不大。

当然，由于中国证监会明确承诺新三板一定会转板，所以仍然有很多企业争先恐后要上新三板，至于转板的日期，只能慢慢地等待了。

06
银行机构篇

CHINA'S
FINANCIAL ECOSYSTEM

- 政策性银行
- 国有控股大型商业银行
- 国有控股中小型商业银行
- 城市商业银行
- 农村商业银行
- 村镇银行
- 农村信用合作联社
- 民营银行
- 中国银联

01

政策性银行

名词解释

政策性银行是指由政府发起、出资成立，为贯彻和配合政府特定经济政策和意图而进行融资和信用活动的银行类机构。

1994 年中国政府设立了国家开发银行、中国进出口银行、中国农业发展银行三大政策性银行，均直属中华人民共和国国务院领导。

政策性银行是在特定的业务领域内，直接或间接地从事政策性融资活动，充当政府发展经济、促进社会进步、进行宏观经济管理工具。

——政策性银行是国家财政政策延展的一部分，作为经济发展的发动机，为国家的基础建设提供了资金。干最苦、最累、最不赚钱的活，投最多、最长线、最不计回报的资金，唯一的使命就是把政府的政策贯彻下去，所以称之为政策性银行。在中国金融生态圈中，政策性银行也有着较高的地位，仅次于那几位顶级生物，位于二级序列。

如果你不是政府机关或大型国有企业的负责人，可能你在未来几十年的金融工作中都不会跟他们打交道，但是，如果你要寻求一份稳定的工作，这三家银行倒不失为一个好的选择，这是铁饭碗中的铁饭碗，永远不用担心因为效益而失业。

监管机构

中华人民共和国国务院

涉及法律法规

《中国人民银行法》

《银行业监督管理法》

发展历程

新中国成立后，国家对民国时期的银行进行了全面整顿，中国人民银行吸收合并了国内绝大部分银行，集中央银行、商业银行于一身，同时也负责当时的政策性业务。

1978 年改革开放后，国家采取了多项举措，使国内银行业呈现多元化发展措施，恢复、新办了中国建设银行、中国农业银行、中国银行、中国工商银行、交通银行 5 家银行，其中除了交通银行外其他 4 家银行在实际运作中既要承揽企业、商业方面的商业银行的职能，也要承担政策性补贴的职能，而这种政策性的补贴与投资由于其回报周期较长，盈利性也较差，这影响了 4 家银行在促进经济发展方面的灵活性。

1993 年 12 月 25 日，国务院提出深化金融改革，将工农中建四大行建设成国有大型商业银行，从四大行中剥离出政策性业务，组建了专门承担政策性业务的专业银行，即政策性银行。

1994 年 3 月 17 日，国家开发银行在北京成立，主要承担国内开发型政策性金融业务。

1994 年 7 月 1 日，中国进出口银行在北京成立，主要承担大型机电设备进出口融资业务。

1994 年 11 月 8 日，中国农业发展银行在北京成立，主要承担农业政策性扶植业务。

国家开发银行、中国进出口银行、中国农业发展银行，均直属国务院领导。

政策性银行的职能

（1）补充和完善市场融资机制。

政策性银行的融资对象，一般是限制在那些社会发展需要而商业性金融机构又不愿意提供资金的银行或项目，因此可以补充商业性融资的缺陷，完善金融体系的功能。

——风险大的，回报低的，没人愿意干，怎么办？政策性银行干！

（2）诱导和牵制商业性资金的流向。

一是政策性银行通过自身的先行投资行为，给商业性金融机构指示了国家经济政策的导向和支持重心，从而消除商业性金融机构的疑虑，带动商业性资金参与；二是政策性银行通过提供低息或贴息贷款可以部分弥补项目投资利润低而又无保证的不足，从而吸引商业性资金的参与；三是政策性银行通过对基础行业或新兴行业的投入，可以打开经济发展的瓶颈或开辟新的市场，促使商业性资金的后续跟进。

——想干怕风险？没关系，政策性银行先来！风险他来担，利益大家享！

（3）提供专业性的金融服务。

设立国家开发银行的主要目的是，一方面为国家重点建设融通资金，保证关系国民经济全局和社会发展的重点建设顺利进行；另一方面把当时分散管理的国家投资基金集中起来，建立投资贷款审查制度，赋予开发银行一定的投资贷款决策权，并要求其承担相应的责任与风险，以防止盲目投资，重复建设。

——国家级的重点项目，政策性银行冲在最前面！

国家开发银行

国家开发银行于1994年3月成立，直属国务院领导。成立以来，在关系国家经济发展命脉的基础设施、基础产业和支柱产业重大项目及配套工程建设中，发挥长期融资领域主力银行作用。

——国家开发银行主要侧重于拉动国内内需和基础建设方面的非农业项目的投资。2008年2月，国务院批准了国家开发银行改革实施总体方案。2008年12月16日，国家开发银行股份有限公司16日在京挂牌成立，成为第一家由政策性银行转型而来的商业银行，成为国家政策性银行改革的试点。

中国进出口银行

中国进出口银行成立于1994年，其国际信用评级与国家主权评级一致。总部设在北京，在境外设有巴黎分行、东南非代表处等派出机构；中国进出口银行是中国外经贸支持体系的重要力量和金融体系的重要组成部分。

中国进出口银行的主要职责是贯彻执行国家产业政策、外经贸政策、金融

政策和外交政策，为扩大中国机电产品、成套设备和高新技术产品出口，推动有比较优势的企业开展对外承包工程和境外投资，促进对外关系发展和国际经贸合作，提供政策性金融支持。

——中国进出口银行主要侧重于对外和国际经贸方面的投资。

中国农业发展银行

中国农业发展银行是直属国务院领导的中国唯一的一家农业政策性银行，1994 年 11 月挂牌成立。中国农业发展银行以国家信用为基础，筹集农业政策性信贷资金，承担国家规定的农业政策性和经批准开办的涉农商业性金融业务，代理财政性支农资金的拨付，为农业和农村经济发展服务。在业务上接受中国人民银行和中国银行业监督管理委员会的指导和监督。

——中国农业发展银行侧重于农业项目的投资。

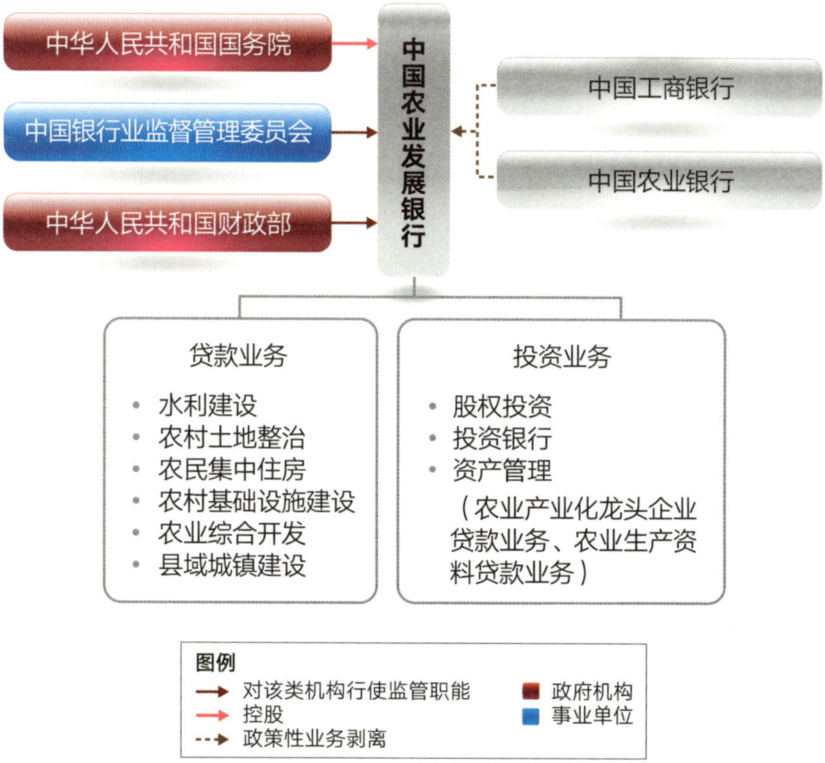

02

国有控股大型商业银行

名词解释

国有控股大型商业银行是指由国家（一般为财政部、中央汇金公司）直接管控的商业银行，一般简称为国有商业银行，或者国有银行，都由国有资本控股。

目前的国有银行有：中国工商银行、中国农业银行、中国银行、中国建设银行、交通银行，以及邮政储蓄银行。

——中国工商银行、中国农业银行、中国银行、中国建设银行、交通银行是我国国有银行体系里的老兵，而邮政储蓄银行则是后来跟进的新人。某种程度上讲，中农工建交的“血统”更为纯正，而邮政储蓄则更像是“混血儿”，因为它的控股方位国家邮政集团，并非金融机构。国有控股大型商业银行属于中国金融生态圈二级生物的排头兵。

监管机构

中国银行业监督管理委员会大型银行部

涉及法律法规

《银行业监督管理法》

《商业银行法》

《中国银监会中资商业银行行政许可事项实施办法》

（银监会令 2015 年第 2 号）

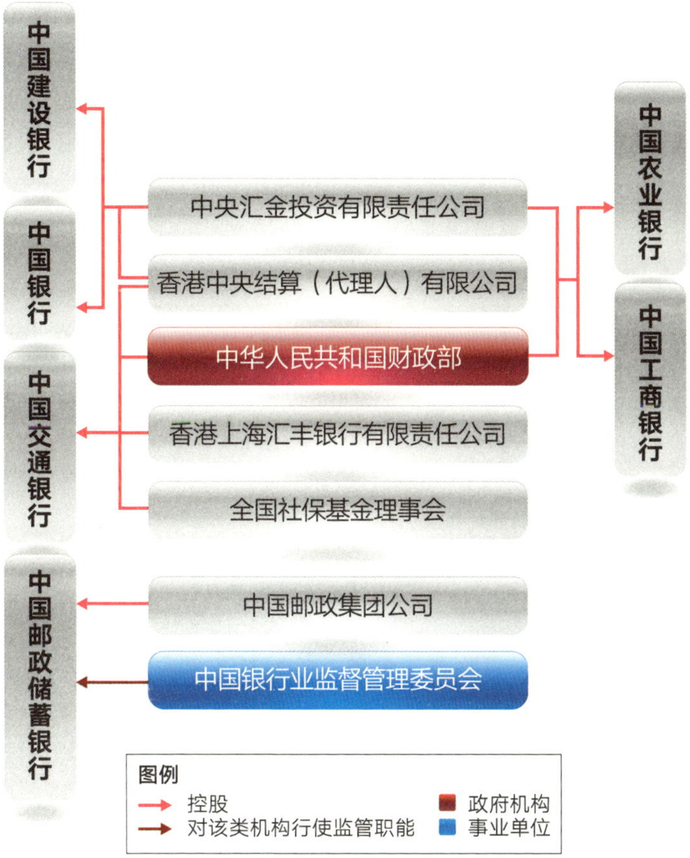

市场定位

从金融体系来说，商业银行是央行货币政策的首要传递者。从经济体系来看，商业银行是现代社会经济运转的枢纽之一。

——由于每个国家的经济体制的差别，商业银行在各国的金融体系中的地位是不尽相同的，比如美国的金融体系就是由证券及其衍生市场主导，也就是我们熟知的华尔街，在美国，除了投资银行，其他银行是没有那么多的话语权的；而在德国，则是由商业银行做为国家金融体系的主导，银行业在德国金融界占有至高无上的地位。

经营范围

国有控股大型银行可以经营所有法律允许的商业银行的业务，除了邮政储蓄银行之外，其他五家银行几乎拥有所有商业银行可以开展的业务的牌照。如：

（1）存贷款业务；

（2）发金融债券，买卖政府债券、金融债券；

（3）办理票据承兑与贴现；

（4）买卖、代理买卖外汇；

（5）代理发行、代理兑付、承销政府债券；

（6）从事同业拆借；

（7）结汇、售汇业务；

（8）经银监会批准的其他业务。

——在国际通行的金融体制下，商业银行是不允许混业经营的，而在国内，国有大型银行在实际操作中几乎都存在混业经营。各大银行的业务范围涵盖了信托、保险等多领域，各自成为了金融领域的巨无霸企业，建立了自己的庞大的“金融帝国”。如果你认为这些超级巨无霸是完全依靠存贷款的业务来构建如此庞大的财富版图，那你就错了。

截止到2014年底，中国工商银行、中国建设银行、中国银行和中国农业银行在世界商业银行总资产排行榜前十名中占据了4个名额，中国工商银行更是连年雄踞榜首。

基于几家大型国有银行的“特质”和其背后庞大的“血统背景”，从某种程度上讲，不夸张的说，国内这几家银行业的超级“航母”，其资产规模和在国际上的排名，完全取决于他们自己的意愿。如果哪一天，我们发现他们的排名已经跌出了前十甚至前一百名，不用惊讶，那只是基于政策方面调整的需要。

“想干，我们就是江湖至尊，武林盟主。不想，我们就隐姓埋名，退隐江湖。”

中国工商银行

中国工商银行，全称中国工商银行股份有限公司，中文简称为“工商银行”或“工行”，英文简称为“ICBC”。成立于1984年1月1日。是中国五大银行之一。2014 年 5 月 8 日，2014 福布斯全球企业 2000 强榜单出炉，工行蝉联全球市值第一大企业。

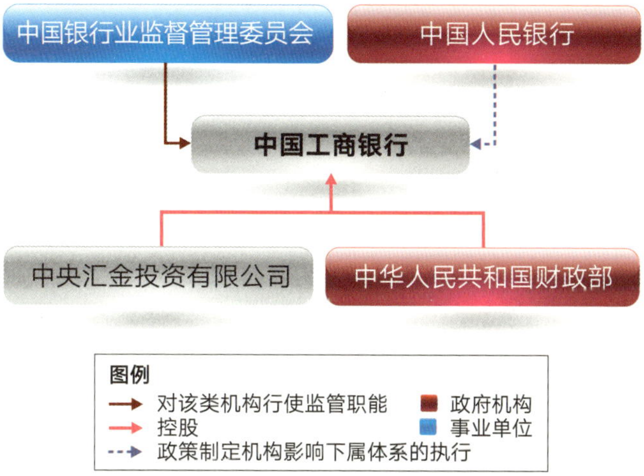

2014 年末，工商银行总资产 206,099.53 亿元，全年实现净利润 2,762.86 亿元，营业收入 6,588.92 亿元，增长 11.7%，其中利息净收入 4,935.22 亿元，非利息收入 1,653.70 亿元。在经历 2008 年全球金融危机的洗礼之后，工商银行已经成长为全球市值最大、盈利最多、成长性最好的国际性大银行之一。

工商银行在银行业务之外的其他金融业务上的子公司和分支机构以及国外投资控股的企业包括：

工银安盛人寿保险有限公司　网址：https://www.icbc-axa.com/

工银瑞信投资管理有限公司　网址：http://www.icbccstz.com.cn/

工银金融服务有限责任公司

网址：http://www.icbccs.com.cn/gyrx/wsjy/

工银金融租赁有限公司　　网址：http://www.icbcleasing.com/

工商国际金融有限公司

工银瑞信基金管理有限公司

此外，工商银行还并购标银公众有限公司 60% 股份，签署并购土耳其 Tekstilbank75% 股份。

中国建设银行

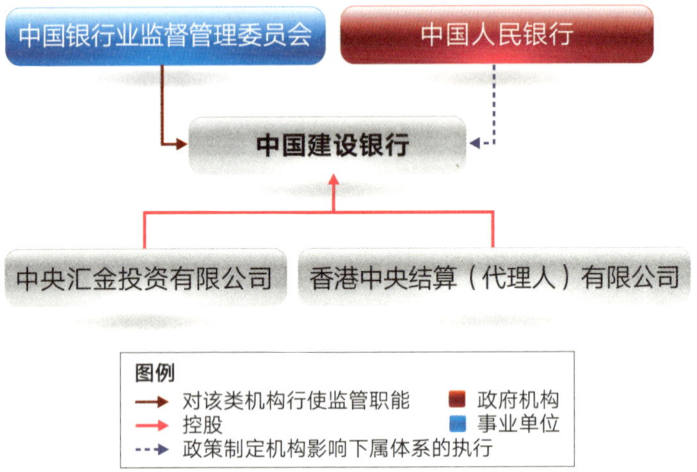

中国建设银行，成立于1954年10月1日，最初行名为中国人民建设银行，1996年3月26日更名为中国建设银行，简称“建设银行”或“建行”，英文简称“CCB”。是国有五大商业银行之一。2014年5月8日，2014福布斯全球企业2000强榜单出炉，建行蝉联全球市值第二大企业。

建设银行是一家在中国市场处于领先地位的股份制商业银行，为客户提供全面的商业银行产品与服务。主要经营领域包括公司银行业务、个人银行业务和资金业务，多种产品和服务（如基本建设贷款、住房按揭贷款和银行卡业务等）在中国银行业居于市场领先地位。营销网络覆盖全国的主要地区。

建设银行在银行业务之外的其他金融业务上的子公司和分支机构以及国外投资控股的企业主要包括：

建信信托有限责任公司　网址：http://www.ccbtrust.com.cn/

建信人寿保险有限公司　网址：http://www.ccb-life.com.cn/

建银国际（控股）有限公司　网址：http://www.ccbintl.com.hk/

建信期货有限责任公司　网址：http://www.ccbfutures.com/xzzx/

中德住房储蓄银行有限责任公司　网址：http://www.sgb.cn/

建信基金管理有限责任公司

网址：http://www.ccbfund.cn/jxjj/index/new/index.jsp

中国农业银行

中国农业银行，简称“农业银行”或者“农行”，英文简称“ABC”。是中国五大银行之一。最初成立于1951年，是新中国成立的第一家国有商业银行，上世纪70年代末以来，相继经历了国家专业银行、国有独资商业银行和国有控

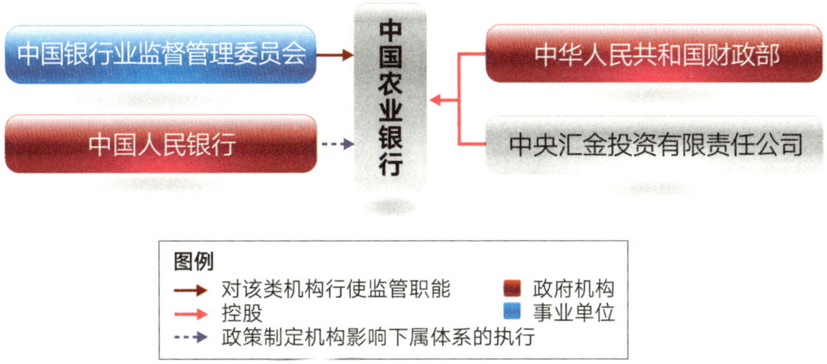

股商业银行等不同发展阶段。2009年1月，整体改制为股份有限公司。2010年7月，分别在上海证券交易所和香港联合交易所挂牌上市，完成了向公众持股银行的跨越。

作为中国主要的综合性金融服务提供商之一，农业银行致力于面向“三农”、城乡联动、融入国际、服务多元的国际一流大型商业银行。业务范围还涵盖投资银行、基金管理、金融租赁、人寿保险等领域。

农业银行在银行业务之外的其他金融业务上的子公司和分支机构以及国外投资控股的企业包括：

农银汇理基金管理有限公司 网址：http://www.abc-ca.com/index.html

农银国际控股有限公司 网址：http://www.abci.com.hk/zh-cn/

农银金融租赁有限公司 网址：http://www.abcleasing.cc/

农银人寿保险股份有限公司 网址：http://www.abchinalife.cn/

以及农银财务有限公司、农银国联无锡投资管理公司、农银能投（北京）投资基金管理有限公司、农银国际（湖南）投资管理有限公司等。此外，农业银行还出资成立了湖北汉川农银村镇银行、克什克腾农银村镇银行、安塞农银村镇银行、绩溪农银村镇银行、浙江永康农银村镇银行、厦门同安农银村镇银行。

中国银行

中国银行，全称中国银行股份有限公司，英文简称“BOC”，总行位于北京复兴门内大街1号，是五大国有商业银行之一。

中国银行的业务范围涵盖商业银行、投资银行、保险和航空租赁，旗下有中银香港、中银国际、中银保险等控股金融机构，作为中国国际化和多元化程度最高的银行，在全球范围内为个人和公司客户提供金融服务。

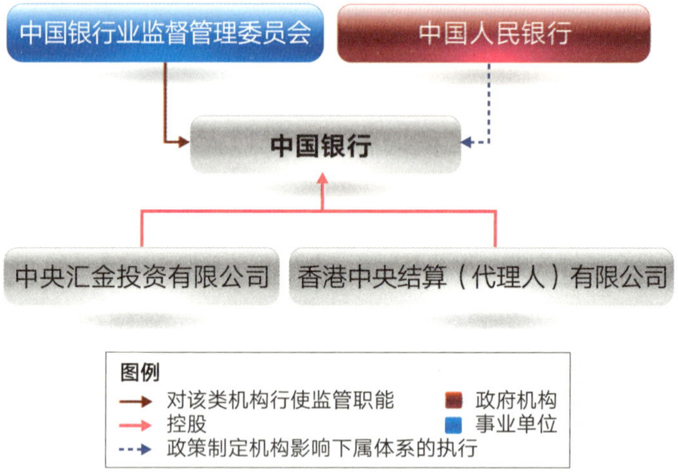

中国银行在银行业务之外的其他金融业务上的子公司和分支机构以及国外投资控股的企业包括：

中银消费金融有限公司　网址：http://www.boccfc.cn

中银集团保险有限公司　网址： http://www.boc.cn/bocins

中银集团人寿保险有限公司 网址：http:www.bocgroup.com/bocg-ins

中银信用卡（国际）有限公司　网址 :http://www.boci.com.hk

中银国际证券有限责任公司

中银香港（控股）有限公司

中银国际控股有限公司

中银集团投资有限公司

中银航空租赁私人有限公司

此外，中国银行还参资入股大丰银行有限公司以及中银富登村镇银行等金融机构。

交通银行

交通银行，全称交通银行股份有限公司，简称“交行”。始建于1908年，是中国近代以来延续历史最悠久、最古老的银行，也是近代中国的发钞行之一。现为中国五大国有银行之一。1987年重新组建成全国第一家股份制商业银行，分别于2005年、2007年先后在香港、上海上市，是第一家在境外上市的国有控股大型商业银行。

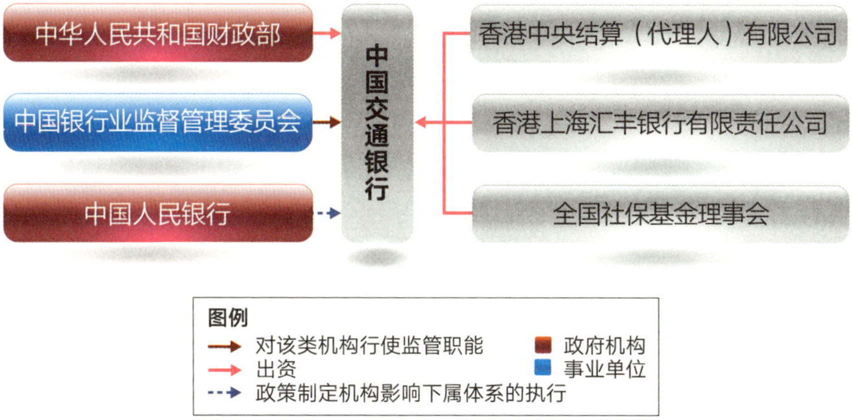

交通银行是中国境内主要综合金融服务提供商之一，并正在成为一家以商业银行为主体，跨市场、国际化的大型银行集团，业务范围涵盖商业银行、投资银行、证券、信托、金融租赁、基金管理、保险、离岸金融服务等诸多领域。

交通银行旗下全资子公司包括交银国信、交银保险和交银金融租赁，控股子公司包括交银村镇银行。此外，交通银行还是江苏常熟农村商业银行的第一大股东，西藏银行的并列第一大股东。并注资大邑交银村镇银行、安吉交银村镇银行、新疆石河子交银村镇银行、青岛崂山交银村镇银行。

中国交银保险有限公司 网址：http://www.ccins.com.hk/

交银国际控股有限公司 网址：http://www.bocomgroup.com

交银国际信托有限公司 网址：http://www.bocommtrust.com/

交银康联人寿保险有限公司网址：http://www.bocommlife.com/

交银施罗德基金管理有限公司 网址：http://www.fund001.com/

交银金融租赁有限责任公司 网址：http://www.bocommleasing.com/

中国邮政储蓄银行

中国邮政储蓄银行，于2007年3月20日正式挂牌成立，是在改革邮政储蓄管理体制的基础上组建的商业银行。

年轻的邮储银行已有近百年的历史。1919年，中国邮政储蓄银行的前身邮政储金局成立，开办邮政储金业务。1942年，储金汇业局成为当时六大金融支

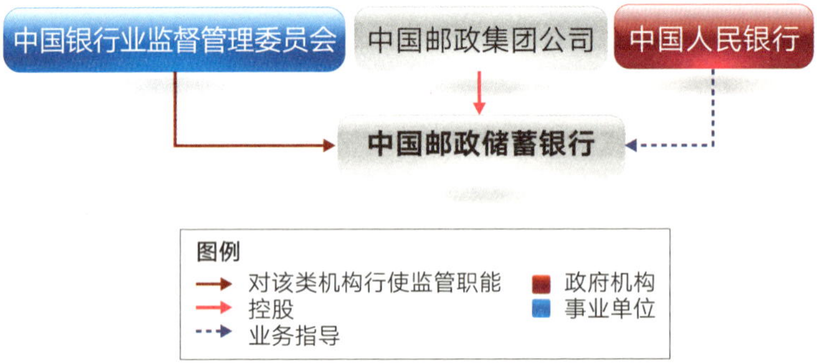

柱“四行两局”的重要组成部分。在建国初期，1953年邮政储蓄业务停办，邮政继续办理汇兑业务。1986年，邮政储蓄正式恢复开办。

2012年2月27日，中国邮政储蓄银行发布公告称，经国务院同意，中国邮政储蓄银行有限责任公司于2012年1月21日依法整体变更为中国邮政储蓄银行股份有限公司。

中国邮政储蓄银行股份有限公司由中国邮政集团公司控股，该集团公司由财政部代表国务院出资。中国邮电邮政总局由交通运输部分管副部级国家局，是邮政行业的监管机构。同时，中国邮政储蓄银行股份有限公司由银监会行使

监管职责。

在各级政府、金融监管机构以及社会各界的关心和支持下，中国邮政储蓄银行坚持普惠金融理念，自觉承担“普之城乡，惠之于民”的社会责任，走出了一条服务“三农”、服务中小企业、服务社区的特色发展之路。

目前，中国邮政储蓄银行已成为全国网点规模最大、覆盖面最广、服务客户数量最多的商业银行。截至2015年6月末，邮储银行拥有营业网点超过4万个，服务客户近4.9亿人；

——中国邮政储蓄银行在国有大型银行中是个另类，它的“混血”基因导致它同时受国家邮政部门的主管和银监会的监管。也正因为“不纯正的金融血统”，中国邮政储蓄银行跟其他五大超级“航母”相比，在业务范围上要窄，拿到的金融业务经营牌照也较少。但同时，邮政储蓄的血统又赋予了它在网点分布规模上的天然优势，其网点远较其他五大“超级航母”为多，遍布于全国的基层乡镇。也因此，存款总量和业务规模足以跻身于“六大”之列。

中国邮政储蓄银行广泛吸收乡镇个体户、商业非法人和自然人的存款，在银行业务和其他金融业务上均异于其他五大银行。而在邮政储蓄银行贷款，还可以采取一种特殊的方式，即采用联保机制，无需抵押没有质押没有担保，只要有三五户联合担保，银行即可为您贷款。

国有商业银行从央行中分出商业银行的职能之后，在经营的过程中发现，自有的资金终归还是有限的，银行也可以从其他渠道获取更多的资金，而更多的资金意味着更灵活的市场运作。于是，国有银行也走上一条“混血”的道路，开始进行股份制改革，吸引更多的资金进来，并先后上市，从此几家大型国有银行由国有独资银行改制为国有控股股份制银行。

2002 年 2 月，中央在京召开第二次全国金融工作会议，提出“具备条件的国有独资商业银行可改组为国家控股的股份制商业银行，条件成熟的可以上市”。2003 年 10 月，十六届三中全会决议进一步明确，选择有条件的国有商业银行实行股份制改造，加快处置不良资产，充实资本金，创造条件上市。

2003 年 12 月 16 日，中央汇金投资有限责任公司注册成立。

2004 年 1 月 6 日，中央政府创造性地运用外汇储备注资大型商业银行：由汇金公司拿出 450 亿美元外汇储备（合计 3724.65 亿人民币），对中国银行和中国建设银行注资，并引进战略合作伙伴，标志着国有商业银行股份制改革拉开序幕。

2004 年 8 月 24 日，中国银行股份制有限公司正式成立。

2004 年 9 月 21 日，中国建设银行股份有限公司正式对外挂牌。

2004 年，交通银行重组为股份制商业银行。

在成立股份公司之后，在金融监管机构的协调下，国有商业银行开展了极富创意的引进战略投资者的工作。交通银行、建设银行、中国银行和工商银行都先后引进国外资本的战略投资。

在成功改制和引进战略投资者的基础上，国有商业银行随即展开首次公开发行和股票上市工作：

2005 年 6 月 23 日，交行 H 股在香港上市；

2005 年 10 月 27 日，建行 H 股在香港上市；

2006 年 6 月 1 日中行 H 股在香港上市，7 月 5 日中行 A 股在上海上市；

2006 年 10 月 27 日，工行 A+H 股同步上市；

2007 年 5 月 15 日，交行 A 股在上海上市；

2007 年 9 月 25 日，建行 A 股在上海上市。

2010 年 7 月 15 日和 16 日，农行 A 股和 H 股先后在上海证交所和香港联交所成功上市。至此，国有商业银行股份制改革圆满“收官”。

03 国有控股中小型商业银行

名词解释

国有控股中小型商业银行，即我们通常所说的股份制商业银行，又称股份制银行。一般情况下，我国商业银行分为**大型股份制商业银行、中小型股份制商业银行、城市商业银行和农村商业银行**等四大类。这里所讲的股份制商业银行，特指12家中小型全国性股份制商业银行。包括：招商银行、上海浦东发展银行、中信银行、华夏银行、中国光大银行、兴业银行、广发银行、中国民生银行、平安银行（原深圳发展银行）、恒丰银行、浙商银行、渤海银行。

——20多年来，股份制商业银行采取股份制形式的现代企业组织架构，按照商业银行的运营原则，高效决策，灵活经营，已经成为我国商业银行体系中一支富有活力的生力军，成为银行业乃至国民经济发展不可缺少的重要组成部分。在中国金融生态圈中，他们属于二级序列。

监管机构

中国银行业监督管理委员会股份制银行部

涉及法律法规

《商业银行法》

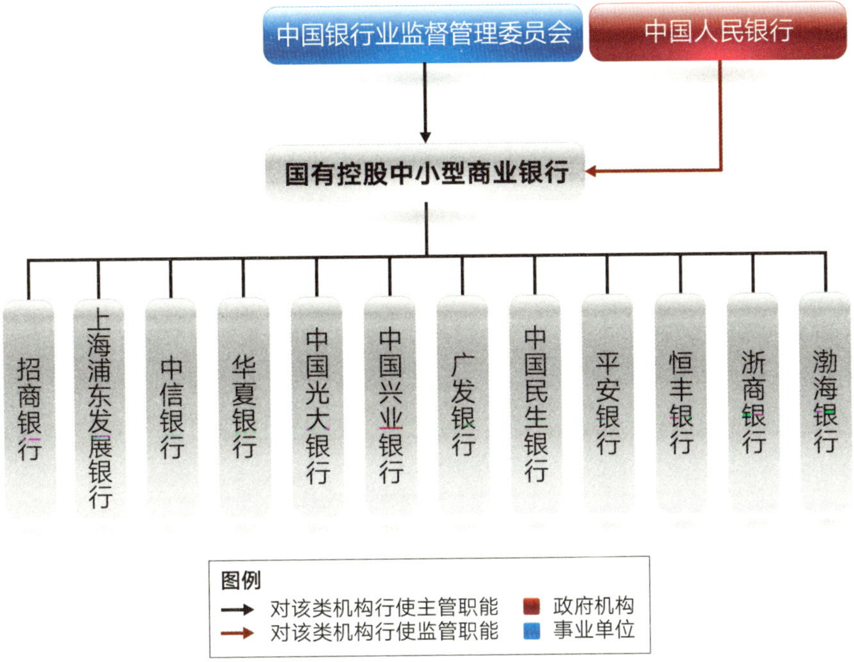

招商银行

1987 年 4 月 8 日，招商银行在深圳特区成立，成为第一家由国有企业兴办的银行。2002 年 3 月，招商银行正式在 A 股挂牌上市，2006 年 9 月 22 日招商银行登陆 H 股市场。

——招商银行信用卡是国内第一张符合国际标准的双币信用卡，私人银行服务在国内股份制银行中率先推出，被国内外权威媒体多次评为“中国最佳私人银行”。

中信银行

1987 年 4 月 14 日，中信集团银行部改组成中信实业银行，总部设于北京，成为第二家由国有企业兴办的银行。2005 年 8 月，中信实业银行更名中信银行。

平安银行

1987 年，深圳特区 6 家信用社联合改制，成立深圳发展银行，5 月 10 日以自由认购形式首次向社会公开发售人民币普通股，并于1987年12月22日正式宣告成立，成为国内第一家上市的银行。2010–2012年，中国平安保险集团控股的平安银行吸收合并深发展，2012年8月2日，深圳发展银行正式更名为平安银行。

兴业银行

1988年8月20日，经国务院、中国人民银行批准，福建兴业银行在原国内第一家地方国营金融——福兴财务公司的基础上改组成立，总行设在福州，2003年3月，福建兴业银行更名为兴业银行，2007年2月5日正式在上海证券交易所挂牌上市。

广发银行

1988年9月，经国务院和中国人民银行批准，广东发展银行成立，总部设于广东省广州市越秀区东风东路713号。1993年11月8日，广发银行在澳门开设分行，成为第一家在境外开设分行的股份制商业银行。2011年4月8日，广东发展银行正式更名“广发银行”。

光大银行

1992年8月，中国光大银行在北京宣告成立，成为第三家由国有企业兴办的银行。1997年1月，光大银行完成股份制改造，2010年8月19日，光大银行在A股上市交易。

华夏银行

1992年5月22日，国家领导人邓小平同志视察首钢集团，其后，党中央国务院批示首钢集团成立华夏银行。10月18日，华夏银行在北京成立，成为第一家由工业企业负责兴办的银行，也是国内第四家由国有企业兴办的银行。12月22日，华夏银行正式开门营业。1996年4月10日，华夏银行完成股份制改造。2003年7月21日，华夏银行正式在A股挂牌上市，成为国内第五家上市银行。

浦发银行

1992 年 8 月 28 日，中国人民银行批准设立上海浦东发展银行股份有限公司（浦发银行），1993 年 1 月 9 日，浦发银行正式开业。1999 年 9 月 23 日，浦发银行正式在 A 股挂牌上市，是第 2 家上市交易的银行。

民生银行

1996 年 1 月 12 日，由全国工商联牵头，数家民营机构参股组建的中国民生银行正式成立，突破了商业银行原有的股权构成，成为我国第一家由非国有企业为主出资设立的股份制商业银行。2000 年 12 月 19 日，民生银行正式在 A 股挂牌上市，2009 年 11 月 26 日，民生银行登陆 H 股市场。

恒丰银行

1987 年 10 月 29 日，烟台住房储蓄银行获批成立，同年 12 月 1 日正式营业。2003 年，经中国人民银行批准，经过整体股份制改造，烟台住房储蓄银行更名恒丰银行，成为一家全国性股份制商业银行。

浙商银行

1993 年，浙江商业银行在宁波成立，是一家中外合资银行，2004 年 6 月 30 日，经中国银监会批准，重组、更名、迁址，改制为浙商银行。2004 年 8 月 18 日，浙商银行正式成立，总部设于杭州。浙商银行现有股东 22 家，其中 21 家是民营企业，民营资本占 85.71%。

渤海银行

2005 年 12 月 31 日，渤海银行股份有限公司在天津举行成立大会暨揭牌仪式。2006 年 2 月 16 日，渤海银行正式对外营业。渤海银行总部位于天津，是第一家在发起设立阶段就引入境外战略投资者的中资商业银行。

番外篇 | 联名信用卡

联名信用卡（Co-Branded-Card）是商业银行与盈利性机构合作发行的银行卡附属产品。是指信用卡发卡行和商品经销商达成协议，使持卡人在进行消费的时候,不仅能享受到优良的金融服务,而且可以享受到厂商的特殊优惠待遇。目前最常见的如交通银行－沃尔玛联名信用卡、中国建设银行龙卡汽车卡 、中国建设银行联通龙卡、广发银行大学生信用卡 、广发银行汽车租赁信用卡、百盛购物信用卡、国航知音信用卡、QQ 会员联名卡等。

与其他形式发行的信用卡相比，联名信用卡具备以下几个特点：

（1）申请要求较低。

（2）联名卡可享受双重的优惠。

（3）积分。这是几乎所有的联名卡都具有的功能。

（4）增值。

联名卡的种种好处，得到持卡人、商家、银行的共同认可，越来越多的项目相继出台。相信不久的将来，联名卡会更加普及并给消费者带来更多的实惠。

如果您想为公司的员工谋取福利，不妨关注一下联名信用卡，如果您的企业能够满足条件，办联名信用卡是个不错的选择，既为员工增加了福利，还可以帮助您提升企业的品牌知名度。

04 城市商业银行

名词解释

城市商业银行的前身是20世纪80年代设立的城市信用社，当时的业务定位是：为中小企业提供金融支持，为地方经济搭桥铺路。然而，随着中国金融事业的发展，城市信用社在发展过程中逐渐暴露出许多风险管理方面的问题。于是，在央行和银监会的调控和引导下，很多城市信用社也逐步转变为城市商业银行，为地方经济及地方居民提供金融服务。

——大部分的城市商业银行由于其在国内金融体系中的地位较低，因此，尽管他们均由国有资本控股，但在实际经营中一般只具有最基本的存贷款职能和低级的债券功能。

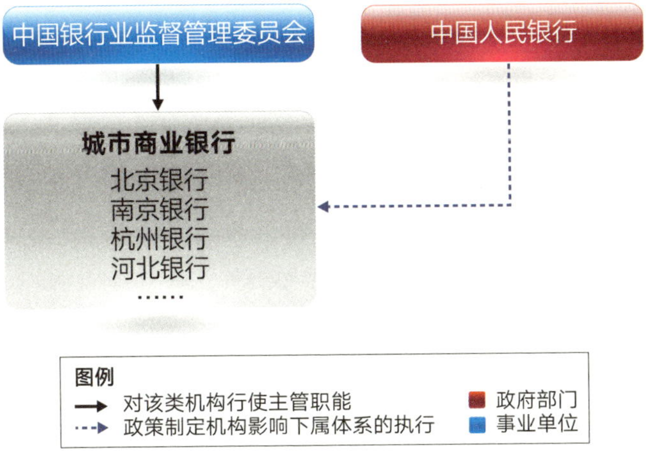

监管机构

中国银行业监督管理委员会城市银行监管部

——2015 年初，银监会进行了大规模的架构调整和监管转型，对于城商行等地方性机构，银监会仅保留新设筹建、市场退出、重组改制和破产重整的批审权，其余市场准入及监管主体责任全部下放各地银监局。

涉及法律法规

《商业银行法》

设立条件

设立商业银行，应当经银监会审查批准。未经银监会批准，任何单位和个人不得从事吸收公众存款等商业银行业务，任何单位不得在名称中使用“银行”字样。

设立城市商业银行，必备条件包括：

（1）注册资本最低限额为一亿元人民币，注册资本应当是实缴资本；

（2）有具备任职专业知识和业务工作经验的董事、高级管理人员；

（3）有健全的组织机构和管理制度；

（4）有符合要求的营业场所、安全防范措施和与业务有关的其他设施；

（5）其他审慎性条件。

国务院银行业监督管理机构根据审慎监管的要求可以调整注册资本最低限额，但不得少于前款规定的限额。

商业银行贷款，应当遵守下列资产负债比例管理的规定：

（1）资本充足率不得低于百分之八；

（2）贷款余额与存款余额的比例不得超过 75%；

（3）流动性资产余额与流动性负债余额的比例不得低于 25%；

（4）对同一借款人的贷款余额与商业银行资本余额的比例不得超过 10%；

（5）国务院银行业监督管理机构对资产负债比例管理的其他规定。

城市商业银行在中国金融生态圈中，已经是第三级物种了。由于全中国各地经济发展水平不均衡，当时的全国各地城市信用社管理水平也不一致，导致如今的城市商业银行在不同地区的发展状况出现了冰火两重天的境况，良莠不齐的现象非常突出。大部分一线城市、省会城市特别是经济发达地区的城市银行发展迅速，典型的如上海银行、南京银行等；而诸多三线城市和经济水平较差地区的城市商业银行，发展情况则不尽如人意，在未来很可能成为银行业坏账的高发区。

如果有这一类银行来动员您来入股，您真的要擦亮眼睛了，保不齐您的投资在百年之后也未必能够收回成本。

05

农村商业银行

名词解释

农村商业银行是由辖内农民、农村工商户、企业法人和其他经济组织共同发起成立的股份制地方性金融机构。主要任务是为当地农民、农业和农村经济发展提供金融服务，促进城乡经济协调发展。

农村商业银行主要以农村信用社和农村信用社县（市）联社为基础组建。

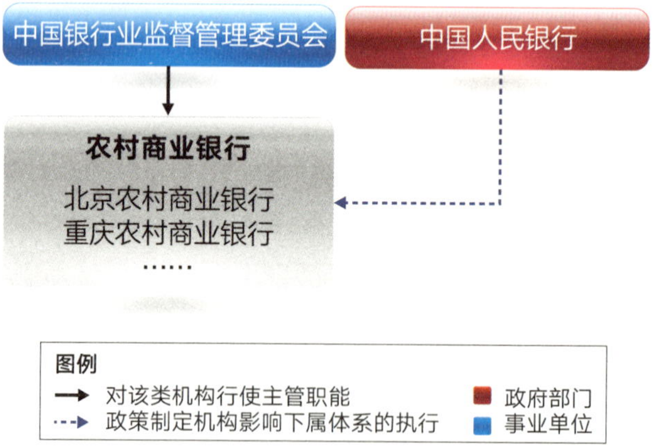

监管机构

中国银行业监督管理委员会合作金融机构监管部

涉及法律法规

《商业银行法》

《农村商业银行管理暂行规定》（银监发 [2003]10 号）

《农村中小金融机构行政许可事项实施办法》（银监会令〔2015〕第 3 号）

设立条件

设立农村商业银行应当具备下列条件：

（1）在农村合作银行、农村信用社基础上组建；发起人不少于 500 人；

（2）注册资本为实缴资本，最低限额为 5000 万元人民币，资本充足率达到 8%；

（3）设立前辖内农村信用社总资产 10 亿元以上，不良贷款比例 15% 以下；

（4）有具备任职所需的专业知识和业务工作经验的高级管理人员；

（5）有健全的组织机构和管理制度；

（6）有符合要求的营业场所、安全防范措施和与业务有关的其他设施；

（7）中国银行业监督管理委员会规定的其他条件。

普华在线洞察 SINO-BALANCE ONLINE INSIGHT

由于历史遗留问题，目前大部分的农村商业银行存在着大量的坏账。由于其发起设立的特殊性以及较低的设立门槛，与其他中大型商业银行相比，农村商业银行在管理水平和抗风险能力上都有所不足，对于一些实力较弱的农村商业银行，无论是入股投资还是大额存款，可能您都需要更慎重一些，因为您的钱确实有可能投进去容易提出来却难了。

与城市商业银行相同，农村商业银行在中国金融生态圈中也处于三级物种的序列。

06 村镇银行

名词解释

村镇银行是指经中国银行业监督管理委员会依据有关法律、法规批准，由境内外金融机构、境内非金融机构企业法人、境内自然人出资，在农村地区设立的主要为当地农民、农业和农村经济发展提供金融服务的银行业金融机构。

——村镇银行不同于银行的分支机构，属一级法人机构。村镇银行的建立，有效的填补了农村地区金融服务的空白，增加了农村地区的金融支持力度。

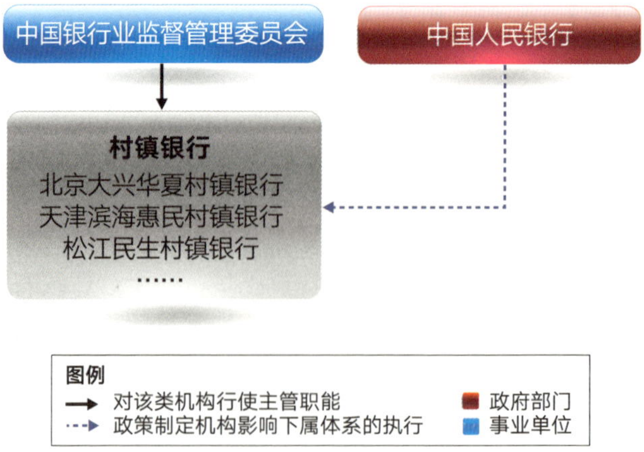

监管机构

中国银行业监督管理委员会农村中小金融机构监管部

涉及相关法律法规

《村镇银行管理暂行规定》（银监发〔2007〕5号）

《农村中小金融机构行政许可事项实施办法》（银监会令〔2015〕第3号）

《小额贷款公司改制设立村镇银行暂行规定》（银监发〔2009〕48号）

设立条件

设立村镇银行应当具备的条件有：

（1）发起人或出资人应符合规定的条件，且发起人或出资人中应至少有1家银行业金融机构；

（2）在地（市）设立的村镇银行，其注册资本不低于人民币5000万；在县（市）设立的村镇银行，其注册资本不得低于300万元人民币；在乡（镇）设立的村镇银行，其注册资本不得低于100万元人民币；

（3）注册资本为实收货币资本，且由发起人或出资人一次性缴足；

（4）其他。

村镇银行的创新之处“发起人制度”是指银监会规定，必须有一家符合监管条件，管理规范、经营效益好的商业银行作为主要发起银行并且单一金融机构的股东持股比例不得低于20%，此外，单一非金融机构企业法人及其关联方持股比例不得超过10%。后为了鼓励民间资本投资村镇银行，银监会于2012年5月出台《关于鼓励和引导民间资本进入银行业的实施意见》，将主发起行的最低持股比例降至15%，进一步促进了村镇银行多元化的产权结构。

经营范围

经银监分局或所在城市银监局批准，村镇银行可经营下列业务：

（1）吸收公众存款；

（2）发放短期、中期和长期贷款；

（3）办理国内结算；

（4）办理票据承兑与贴现；

（5）从事同业拆借；

（6）从事银行卡业务；

（7）代理发行、代理兑付、承销政府债券；

（8）代理收付款项及代理保险业务；

（9）经银行业监督管理机构批准的其他业务。

——在目前的实际操作过程中，多数村镇银行其主要盈利方式就是存贷差以及票据承兑和贴现业务。而这两项业务都属于利息较低的基础业务，

普华在线洞察
SINO-BALANCE ONLINE INSIGHT

村镇银行在中国金融生态圈中属于较弱的群体，是下层生态链的生物。由于村镇银行主要是由大中型商业银行发起成立，所以虽然法律规定的门槛较低，但目前村镇银行的实际注册资本金都比较高，很少有 5000 万以下的。

同时，由于村镇银行的发起方均为实力雄厚的商业银行，因此在实际业务中，如果您需要找村镇银行贷款融资，那么您最好跟发起方银行先搞好关系。

07

农村信用合作联社

名词解释

农村信用合作联社是由农村信用社、农村合作银行和农村商业银行（以下统称农村信用社）自愿入股组成、实行民主管理、主要履行行业自律管理和服务职能、具有独立法人资格的地方性金融机构，其业务活动以为农村信用社提供服务、促进农村信用社的发展为宗旨。农村信用社指经银监会批准设立、由社员入股组成、实行民主管理、主要为社员提供金融服务的农村合作金融机构。

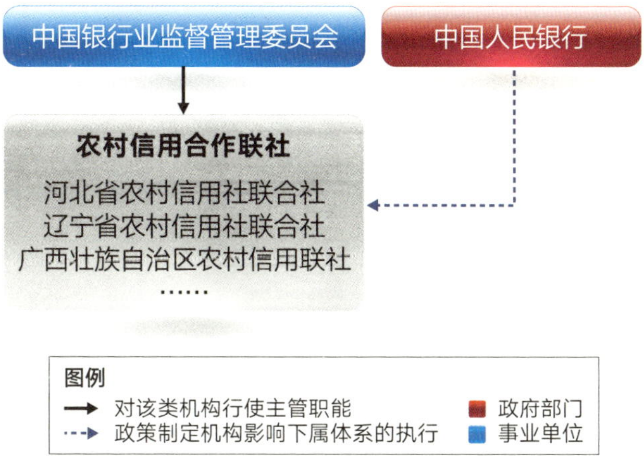

监管机构

中国银行业监督管理委员会农村中小金融机构监管部

涉及法律法规

《农村中小金融机构行政许可事项实施办法》（银监会令〔2015〕第3号）

《合作金融机构行政许可事项实施办法》（银监会令〔2006〕年第3号）

设立条件

设立农村信用合作联社应符合以下条件：

（1）在农村信用合作社及其联合社基础上以新设合并方式发起设立；

（2）注册资本为实缴资本，最低限额为300万元人民币；

（3）自然人作为发起人，入股资金为自有资金，不得以委托资金、债务资金等非自有资金入股；

（4）单个自然人及其近亲属合计投资入股比例不得超过股本总额的2%。职工自然人合计投资入股比例不得超过股本总额的20%；

（5）境内非金融机构作为发起人，需最近2个会计年度连续盈利；年终分配后，净资产不低于全部资产的30%，权益性投资余额不得超过本企业净资产的50%；

（6）境内银行业金融机构和境内非银行金融机构作为发起人，单个境内非银行金融机构及其关联方合计投资入股比例不得超过股本总额的10%；

（7）银监会规章规定的其他审慎性条件。

农村信用合作联社的筹建申请，由银监分局或所在城市银监局受理，银监局审查并决定。

农村信用合作社，是新中国在特殊时期，为了顺应农村和农业的发展形势而产生的临时性的特殊产物。农村信用合作联社则是农村信用合作社的后续产物，该类机构在目前对中国主流金融市场几乎不产生任何影响。

而限于历史原因，在农村信用合作社的发展过程中，存在大量的不规范的行为，导致该类机构有大量的坏账。同时，目前的农村信用合作社的管理机制多种多样，缺乏规范性的统一标准，其管理也存在各种各样的问题。这也导致农村信用合作社在未来的发展中空间越来越小，或者组建信用联社，或者转型为其他类型的金融机构，或者直接关掉，它们很可能消失在未来的金融市场中。

08 民营银行

名词解释

民营银行，又称为“网络银行”，在新的经济环境下，中国政府为了积极支持民间资本与其他资本按同等条件进入银行业，让民营企业更多的参加金融业务而设立的第一个以“银行”作为后缀的金融机构。

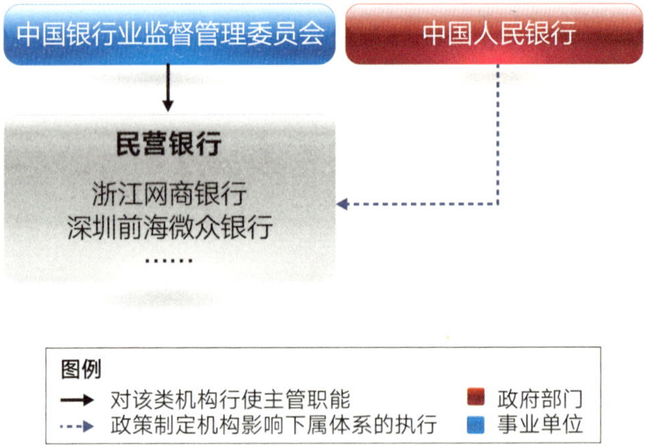

监管机构

中国银行业监督管理委员会城市商业银行监管部

涉及法律法规

银监会《关于促进民营银行发展的指导意见》（国办发〔2015〕49号）

准入条件

2015年6月22日，中国银监会发布《关于促进民营银行发展的指导意见》（以下简称《指导意见》），《指导意见》首次对民间资本进入银行业的基本原则、准入条件、许可程序、监管要求做出了明确规定。其中硬性条件有：

（1）投资入股银行业金融机构的民营企业权益性投资余额不超过净资产50%等条件。

——这个条件意味着，国家在政策上鼓励实体经营企业加入，以更大程度规避风险。现有的金融机构，机会不大。

（2）投资入股银行业金融机构的民营企业应具有较强的经营管理能力和资金实力，财务状况、资产状况良好，最近3个会计年度连续盈利，年终分配后净资产达到总资产30%以上。

——国家在政策上鼓励资产负债率不高于70%企业加入。民营企业有想法的，先掂量掂量自己是不是“腰肥体壮”的。

（3）发起设立民营银行应有具备任职所需专业知识和业务工作经验的董事、高级管理人员和熟悉银行业务的合格从业人员。

——这个条件要求发起设立民营银行必须有熟悉银行业务的资深从业者组成的专业团队参与管理和运营。

另外，此前报至银监会的全国首份地方版《试点民营银行监督管理办法（讨论稿）》（下称《办法》）虽未经银监会正式发布，但其中所列的条款可以作为参考。其中包括：

（1）在设立门槛方面，民营银行需一次性拿出不低于5亿元不高于10亿元人民币作为注册资本，设立后视发展情况逐步增资。在规定的范围内，将采取注册资本差异化要求。

（2）民营银行的股东原则上不超过20个。

（3）最大股东及其关联方持股比例不得超过股本总额的30%，其他企业法人股东及关联方持股比例不得超过股本总额的10%，单个自然人持股比例不得超过股本总额的2%，所有自然人持股比例不得超过股本总额的20%。

（4）对于已经入股小贷公司、担保公司和典当行的自然人，也会限制其再入股民营银行的额度和权限。

发展现状

截止到2015年8月底，获批的5家民营银行有天津金城银行、深圳微众银行、上海华瑞银行、温州民商银行和浙江网商银行，这是我国首批试点的民营银行。深圳前海微众银行，2014年7月25日被正式批准筹建申请。前海微众注册资本30亿元人民币，主要股东为腾讯、百业源投资和立业集团，分别持股30%、20%和20%。2015年6月25日，作为国内首批试点的5家民营银行之一，背靠阿里巴巴旗下蚂蚁金服的浙江网商银行正式开业。浙江蚂蚁小微金融服务集团有限公司认购该行总股本30%股份。

普华在线洞察

SINO-BALANCE ONLINE INSIGHT

民营银行和之前的村镇银行、农村信用合作联社一样，都是中国金融生态圈中比较边缘化的存在，对主流金融机构没有太大的影响。

目前来看，民营银行报银监会审批，只有4种业务有获批的可能性，即：小存小贷，即接受小额存款，进行小规模的放贷；第二种是大存小贷，即接受大额存款，进行小规模的放贷；第三种是专存专贷，即只接受专项领域和企业存款，向专项领域和企业放贷；最后一种是定存定贷，即只接受指定地区的存款，向指定地区放贷。

理论上，民营银行的贷款利率不像小贷公司和民间借贷的利率那么灵活，受央行政策调控的约束，因而在存贷差获利的盈利性上，相对于其他民营金融机构来说也不具备优势。

由于民营银行缺少向央行报备的存款保证金机制，风险自担，且没有控股的股东，所以其在金融市场上的生存条件是较差的，如果不是企业本身有实体经营且可以和民营银行经营产生关联的相关业务，那么单纯靠成立民营银行来获利是很难生存的。

民营企业想要进入银行业分一杯羹，没那么容易。

09
中国银联

名词解释

中国银联是中国的银行卡联合组织，经国务院同意，中国人民银行批准设立，成立于2002年3月，总部设于上海。中国银联通过跨行交易清算系统，实现商业银行系统间的互联互通和资源共享，保证银行卡跨行、跨地区和跨境的使用。

全球各商业银行均可以通过中国银联的银行卡跨行交易清算系统，实现系统间的互联互通和资源共享，保证银行卡跨行、跨地区和跨境的使用。

主管机构

中国人民银行

职能

中国银联的主要职责包括：

（1）负责建设和运营银联跨行交易清算系统；

（2）推广统一的银行卡标准规范；

（3）为商业银行、特约商户、持卡人提供跨行信息交换、清算数据处理、风险防范等银行卡基础服务；

（4）推动银行卡产业集约化、规模化发展，同时联合商业银行，创建银行卡自主品牌。

（5）中国人民银行安排的其他职责。

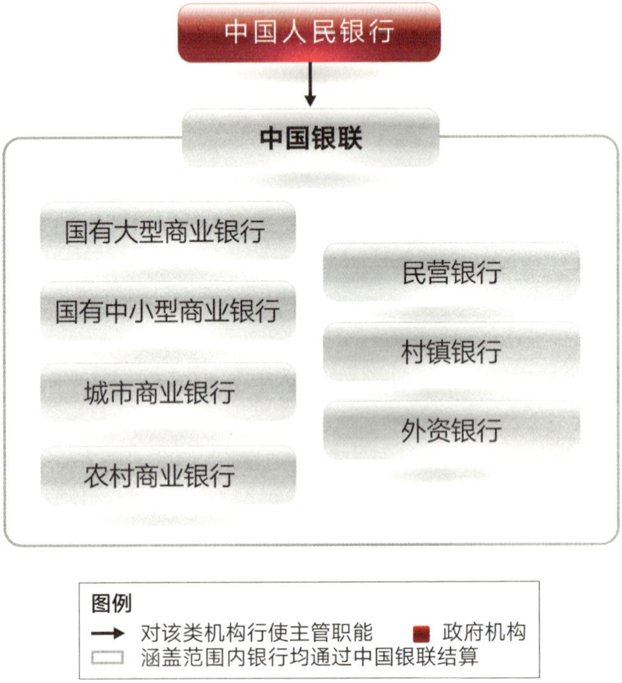

普华在线洞察
SINO-BALANCE ONLINE INSIGHT

在中国金融生态圈中，中国银联是个特殊的存在。

中国银联作为中国目前唯一能够在商业银行间搭建沟通、清算业务的通道类银行卡组织，正在全世界范围内发挥着越来越大的作用。中国银联的标志伴随着中国经济的崛起和中国金融的壮大，出现在全世界所有金融机构和商家面前。之前全球的银行间结算通路市场几乎被美国的 VISA、 MASTER、英国的运通以及日本的 JCB 等几家机构垄断了，中国银联的强势崛起，让中国银行业可以在这一庞大市场上分一杯羹。

由于全世界各种不同币种的交换以及各通路机构的不同规定，不同的通道的手续费和利息是不一样的，使用不同的通路来支付同样的费用会产生不同的手续费，所以建议大家在出国消费的时候，先向商家询问一下，在该地区究竟是使用哪一种通道更划算。目前国内各大商业银行的银行卡一般都具备多种通道选择，包括中国银行和 VISA 等，选择手续费用和利息较低的通道，会为您节省不必要的开支。

此外，在国内，所有金融业需要走通银行间通路的机构，都需要与中国银联保持良好的关系。比如第三方支付机构。2014 年 11 月 12 日，中国银联发出《关于进一步明确违规整改相关要求的通知》，再次规范了银行与第三方支付直连情况，要求将绕过银联的业务逐步迁移至银联平台。所有第三方支付平台，不得跨过银联直接与银行进行沟通和交流，也就是说所有银行之间的资金往来，银联都会收费。银联“过路必收费”机构的地位再次得到印证。

这里可以跟大家简单说一下银联获利的方式。在每一笔通过刷卡消费的过程中，以刷卡方式收款的机构均需要支付一笔手续费，该手续费通常由三部分组成：第一部分由银联收取，第二部分是发卡行收取，第三部分是刷卡行即终端机构方收取。如果刷的卡是联名信用卡，那么还会出现第四方即联名信用卡合作方。比如，客户在工商银行的 ATM 机上刷沃尔玛交行信用卡，那么该笔手续费会由银联、工商银行、交通银行和沃尔玛四方分割。

对于使用银联卡及相关支付终端的商家来说，也有需要注意的地方。首先，由于银联的政策中对不同类型的公司收取的手续费是不一样的，所以商家在注册公司的时候，也要注意，比如注册为科技类的公司其收费标准就会远低于餐饮娱乐类，所以在注册时公司属性的选择也会影响日后运营中的成本支出。

其次，由于银联机构的通路直接和央行的信用体系联网，所以商家用 POS 机刷卡或收费的时候，也要注意该 POS 机是否具有银联标志，如果有，那么每一笔刷卡消费均可以提升银联卡的持有方和银联 POS 机的使用方即商家双方的信用级别。而目前某些商业银行已经出台了一种新型的贷款体制，即银行会以该机构每个月使用银联 POS 收款的数额作为向其贷款的考察依据之一。简单说，使用银联 POS 机收费的数额和次数越多，商家的信用级别也就越高，向银行机构贷款也就越容易。

07
金融机构篇

- 金融租赁公司
- 资产管理公司
- 信托公司
- 证券公司
- 基金公司
- 融资性担保公司
- 再担保公司
- 保险公司
- 再保险公司
- 财务公司
- 消费金融公司

01
金融租赁公司

名词解释

金融租赁公司是指经中国银行业监督管理委员会批准，以经营融资租赁业务为主的非银行金融机构。

融资租赁，是指出租人根据承租人对租赁物和供货人的选择或认可，将其从供货人处取得的租赁物按合同约定出租给承租人占有、使用，向承租人收取租金的交易活动。在中国，适用于融资租赁交易的租赁物为固定资产，更准确的说是可标准化的设备租赁。所以我们平时所说的融资租赁其含义相对国际上的融资租赁的业务范畴要窄得多。

在中国，从事融资租赁的公司有三种：金融融资租赁公司，内资融资租赁公司和外资融资租赁公司，金融租赁公司是其中很特殊的一种，是唯一的金融机构。本书只讨论金融租赁公司。

监管机构

中国银行业监督管理委员会及其派出机构

涉及法律法规

《金融租赁公司管理办法》（银监会令 2014 年第 3 号）

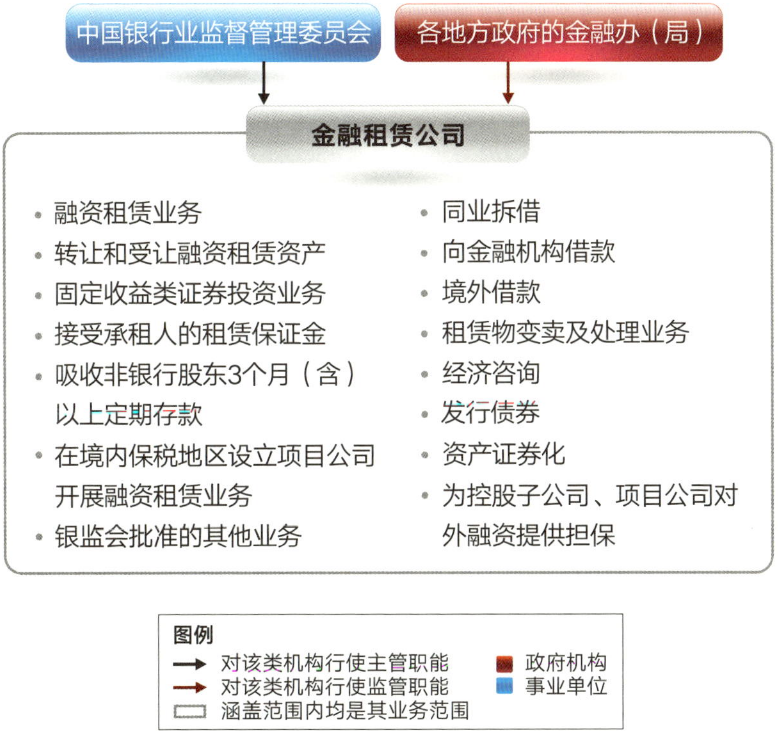

设立条件

申请设立金融租赁公司，应当具备以下条件：

（1）注册资本为一次性实缴货币资本，最低限额为 1 亿元人民币或等值的可自由兑换货币。

（2）金融租赁公司的发起人包括在中国境内外注册的具有独立法人资格的商业银行，在中国境内注册的、主营业务为制造适合融资租赁交易产品的大型企业，在中国境外注册的融资租赁公司以及银监会认可的其他发起人；金融租赁公司至少应当有一名符合上述条件的发起人，且其出资比例不低于拟设金融租赁公司全部股本的 30%。

（3）在中国境内外注册的具有独立法人资格的商业银行作为金融租赁公司发起人，最近 1 年年末总资产不低于 800 亿元人民币或等值的可自由兑换货币。

（4）在中国境内注册的、主营业务为制造适合融资租赁交易产品的大型企业作为金融租赁公司发起人，最近1年的营业收入不低于50亿元人民币或等值的可自由兑换货币；最近1年年末净资产不低于总资产的30%；最近1年主营业务销售收入占全部营业收入的80%以上。

（5）在中国境外注册的具有独立法人资格的融资租赁公司作为金融租赁公司发起人，最近1年年末总资产不低于100亿元人民币或等值的可自由兑换货币。

（6）其他境内非金融机构作为金融租赁公司发起人，最近1年年末净资产不得低于总资产的30%。

（7）其他境外金融机构作为金融租赁公司发起人，必须是融资租赁公司。最近1年年末总资产原则上不低于10亿美元或等值的可自由兑换货币。

（8）银监会规定的其他审慎性条件。

（9）核心主业不突出且其经营范围涉及行业过多或关联企业众多、股权关系复杂且不透明、关联交易频繁且异常的企业不得作为金融租赁公司的发起人。

——从设立条件我们可以看出，国内对金融租赁公司的设立门槛是很高的，目前在国内经营金融租赁业务的公司也只有几家。2014年银监会发布的《金融租赁公司管理办法》（银监会令2014年第3号）从一定程度上放宽了金融租赁公司设立的指标要求，主要表现在三方面：

（1）继续鼓励原有金融机构发起设立金融租赁公司。

（2）鼓励实体经营的企业开展金融租赁业务。这意味着在加入WTO之后，国家在金融政策上鼓励具有良好盈利能力的具备雄厚实力的实体经营企业开展金融租赁业务，促进外贸出口。该政策为这类企业在国际上以金融租赁的方式销售自产的大型设备开拓了渠道。

（3）放宽外资进入金融租赁领域开展业务的门槛，以帮助国内开展相关金融租赁业务，开拓金融市场。

业务范围

经银监会批准，金融租赁公司可以经营下列部分或全部本外币业务：

（1）融资租赁业务；

（2）转让和受让融资租赁资产；

（3）固定收益类证券投资业务；

（4）接受承租人的租赁保证金；

（5）吸收非银行股东 3 个月（含）以上定期存款；

（6）同业拆借；

（7）向金融机构借款；

（8）境外借款；

（9）租赁物变卖及处理业务；

（10）经济咨询。

经银监会批准，经营状况良好、符合条件的金融租赁公司可以开办下列部分或全部本外币业务：

（1）发行债券；

（2）在境内保税地区设立项目公司开展融资租赁业务；

（3）资产证券化；

（4）为控股子公司、项目公司对外融资提供担保；

（5）银监会批准的其他业务。

普华在线洞察 SINO-BALANCE ONLINE INSIGHT

在中国金融生态圈中，金融租赁公司可以位居第二级序列。金融租赁公司利用其具有金融机构的属性来融资，同时利用其作为融资租赁公司的特性，开展融资租赁业务。金融租赁公司跟普通融资租赁公司最大的区别就在于其可以通过金融手段来融资。吸收存款、同业拆借、向金融机构借款、发行债券这几种方式，意味着金融租赁公司几乎可以获得“无限制”的资金支持。

此外，允许资产证券化这一条也值得关注，一旦国家出台关于资产证券化的相关细则，金融租赁公司就将成为最有希望将不动产进行证券化的企业。而在境内保税区开展融资租赁业务，这也是其他融资租赁公司难以比拟的优势。

当然，由于金融租赁公司极高的设立门槛和庞大的融资能力，其在业务开展上也往往遵循着高大上的原则，一般的小业务基本是不接收的。

02 资产管理公司

名词解释

资产管理公司是国务院在借鉴国际经验的基础上成立的以解决不良资产为目的的金融性公司，后期逐渐发展为可以实施广泛金融业务的非银行机构。

广义上的资产管理公司有更宽泛的概念，此处只着重讲解金融资产管理公司。

监管机构

中国银行业监督管理委员会
中国证券监督管理委员会
中国保险监督管理委员会

涉及法律法规

《金融资产管理公司条例》
《金融资产管理公司监管办法》

资产管理公司分类

资产管理公司分为金融资产管理公司和非金融资产管理公司。

非金融资产管理公司是指商业银行、投资银行、证券公司等金融机构都通过设立资产管理业务部或成立资产管理附属公司来进行正常的资产管理业务，他们没有金融机构许可证，属于进行正常资产管理业务的资产管理公司，基于

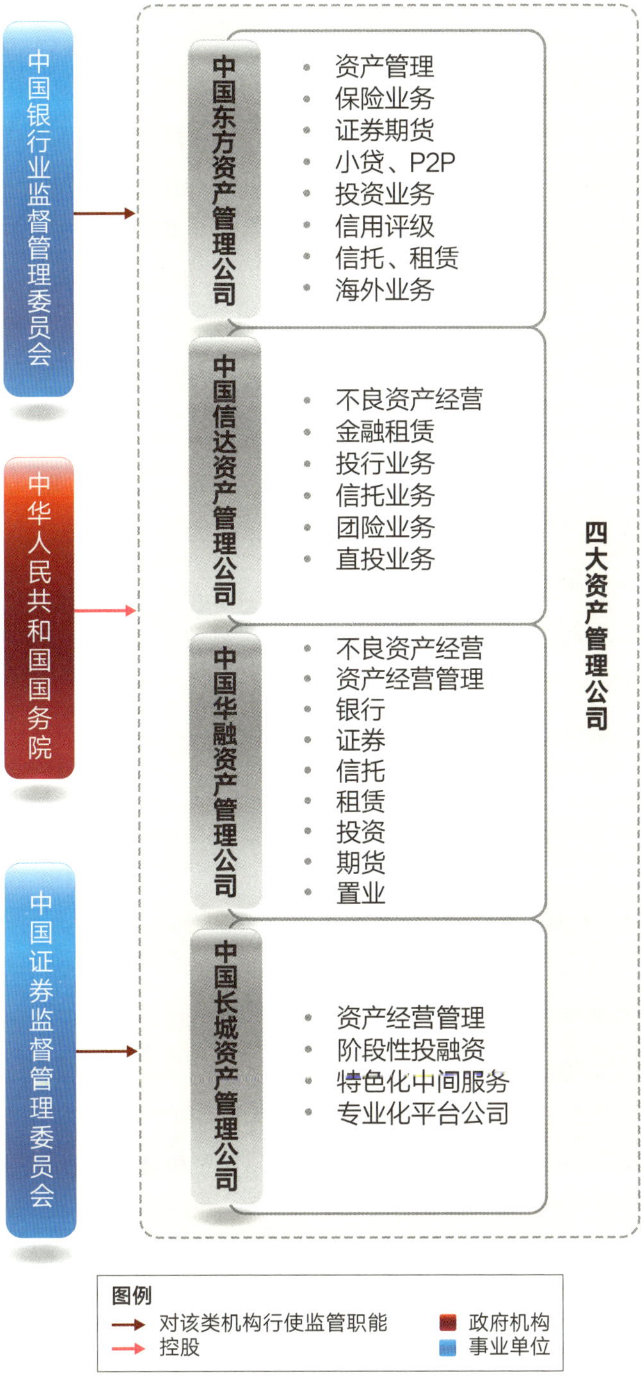

中国银行业监督管理委员会
中华人民共和国国务院
中国证券监督管理委员会
中国东方资产管理公司
资产管理
保险业务
证券期货
小贷、P2P
投资业务
信用评级
信托、租赁
海外业务
中国信达资产管理公司
不良资产经营
金融租赁
投行业务
信托业务
团险业务
直投业务
中国华融资产管理公司
不良资产经营
资产经营管理
银行
证券
信托
租赁
投资
期货
置业
中国长城资产管理公司
资产经营管理
阶段性投融资
特色化中间服务
专业化平台公司
四大资产管理公司
图例
对该类机构行使监管职能
控股
政府机构
事业单位

这种正常的资产管理业务分散在商业银行、投资银行、保险和证券经纪公司等金融机构的业务之中。

金融资产管理公司在中国是专门处理银行不良资产的管理公司，我国金融资产管理公司是经国务院决定设立的收购国有独资商业银行不良贷款，管理和处置因收购国有独资商业银行不良贷款形成的资产的国有独资非银行金融机构。金融资产管理公司以最大限度保全资产、减少损失为主要经营目标，依法独立承担民事责任。持有银行业监督委员会颁发的金融机构许可证。

目前，我国有5家金融资产管理公司，分别是中国华融资产管理公司、中国长城资产管理公司、中国东方资产管理公司、中国信达资产管理公司，以及2010年成立的国新资产管理公司。

经营范围

金融资产管理公司的经营范围包括：

（1）收购并经营金融机构剥离的本外币不良资产；

（2）追偿本外币债务；

（3）对所收购本外币不良贷款形成的资产进行租赁或者以其他形式转让、重组；

（4）本外币债权转股权，并对企业阶段性持股；

（5）资产管理范围内公司的上市推荐及债券、股票承销；

（6）经相关部门批准的不良资产证券化；

（7）发行金融债券，向金融机构借款；

（8）财务及法律咨询，资产及项目评估；

（9）根据市场原则，商业化收购、管理和处置境内金融机构的不良资产；

（10）接受委托，从事经金融监管部门批准的金融机构关闭清算业务；接受财政部、中国人民银行和国有银行的委托，管理和处置不良资产；接受其他金融机构、企业的委托，管理和处置不良资产；

（11）运用现金资本金对所管理的政策性和商业化收购不良贷款的抵债实物资产进行必要投资；

（12）经中国银行业监督管理委员会等监管机构批准的其他业务活动。

资产管理公司的业务范围非常广泛，但能否开展金融性业务，取决于其是否取得相关部门发放的金融业务牌照许可。金融性资产管理公司在我国目前只有 5 家。他们也是中国金融生态圈的顶级物种。

这几家金融资产管理公司曾经是国有金融机构中承担最苦、最累营生的角色，专门处理国有银行的大量的坏账和不良资产。但是在 2007 年之后，金融资产管理公司迎来了好日子。自 2007 年起，四大金融资产管理公司开始商业化运作，不再局限于对应收购几家大型国有银行的不良资产。

如今的金融性资产管理公司成为在中国拥有金融牌照，经营范围最广、涉足业务最多、资产最庞大的综合性非银行金融机构。其业务几乎涵盖了金融的各个领域。包括资产管理、保险、证券、信托、租赁、投融资、评级和海外业务等金融的各个领域。当你需要投资的时候，找到资产管理公司，往往可以同时满足你要找到银行、保险、信托等诸多机构的要求，起到一步到位的作用。

03 信托公司

名词解释

信托公司，是指依照法律设立的主要经营信托业务的金融机构。这里的信托业务，是指信托公司以营业和收取报酬为目的，以受托人身份承诺信托和处理信托事务的经营行为。

未经中国银行业监督管理委员会批准，任何单位和个人不得经营信托业务，任何经营单位不得在其名称中使用“信托公司”字样。

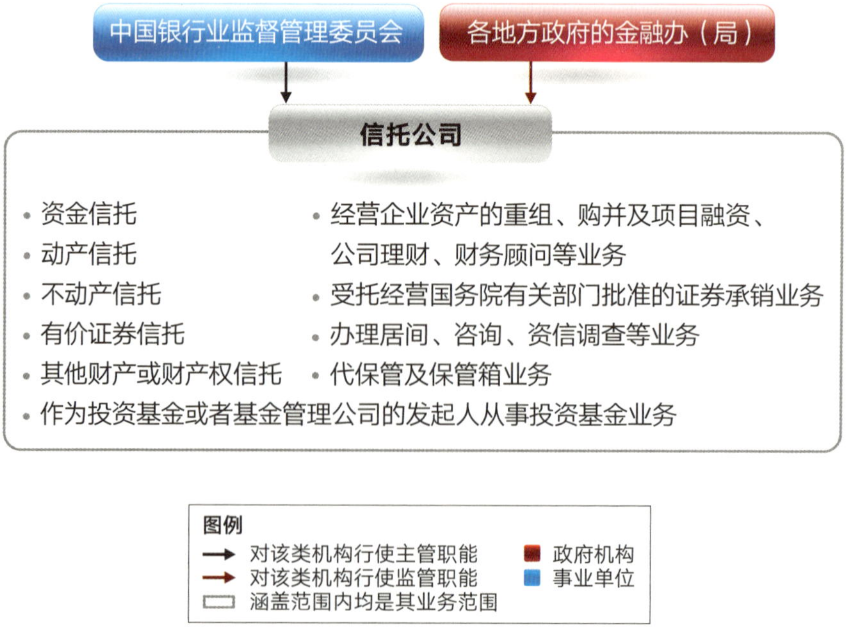

监管机构

中国银行业监督管理委员会信托监督管理部

涉及法律法规

《信托法》

《信托投资公司管理办法》（银监会令（2007）第2号）

《信托公司行政许可事项实施办法》（银监会令（2015）第5号）

《信托公司集合资金信托计划管理办法》（银监会令（2009）第1号）

设立条件

信托公司的机构设立须经银监会及其派出机构行政许可，设立信托公司，应当具备下列条件：

（1）注册资本为一次性实缴货币资本，最低限额为3亿元人民币或等值的可自由兑换货币；处理信托事务不履行亲自管理职责，即不承担投资管理人职责的，最低限额为1亿元人民币或等值的可自由兑换货币；

申请经营企业年金基金、证券承销、资产证券化等业务，应当符合相关法律法规规定的最低注册资本要求；

（2）境内非金融机构作为信托公司出资人，最近1个会计年度末净资产不得低于资产总额的30%；

（3）境外金融机构作为信托公司出资人，最近1个会计年度末总资产原则上不少于10亿美元；银监会认可的国际评级机构最近2年对其作出的长期信用评级为良好及以上；

（4）中国银行业监督管理委员会规定的其他条件。

有以下情形之一的，不得作为信托公司的出资人：

（1）公司治理结构与管理机制存在明显缺陷；

（2）关联企业众多、股权关系复杂且不透明、关联交易频繁且异常；

（3）核心主业不突出且其经营范围涉及行业过多；

（4）现金流量波动受经济景气影响较大；

（5）资产负债率、财务杠杆率高于行业平均水平；

（6）代他人持有信托公司股权；

（7）其他对信托公司产生重大不利影响的情况。

经营范围

信托公司可以申请经营下列部分或者全部本外币业务：

（1）资金信托；

（2）动产信托；

（3）不动产信托；

（4）有价证券信托；

（5）其他财产或财产权信托；

（6）作为投资基金或者基金管理公司的发起人从事投资基金业务；

（7）经营企业资产的重组、购并及项目融资、公司理财、财务顾问等业务；

（8）受托经营国务院有关部门批准的证券承销业务；

（9）办理居间、咨询、资信调查等业务；

（10）代保管及保管箱业务；

（11）信托公司不得以卖出回购方式管理运用信托财产；

（12）信托公司可以开展对外担保业务，但对外担保余额不得超过其净资产的50%；

（13）信托公司不得开展除同业拆入业务以外的其他负债业务，且同业拆入余额不得超过其净资产的20%。中国银行业监督管理委员会另有规定的除外；

（14）法律法规规定或中国银行业监督管理委员会批准的其他业务。

信托计划的设立

信托公司设立信托计划，应当符合以下要求：

（1）委托人为合格投资者；

（2）参与信托计划的委托人为唯一受益人；

（3）单个信托计划的自然人人数不得超过50人，但单笔委托金额在300

万元以上的自然人投资者和合格的机构投资者数量不受限制；

（4）信托期限不少于一年；

（5）信托资金有明确的投资方向和投资策略，且符合国家产业政策以及其他有关规定；

（6）信托受益权划分为等额份额的信托单位；

（7）信托合同应约定受托人报酬，除合理报酬外，信托公司不得以任何名义直接或间接以信托财产为自己或他人牟利；

（8）中国银行业监督管理委员会规定的其他要求。

所谓合格投资者，是指符合下列条件之一，能够识别、判断和承担信托计划相应风险的人：

（1）投资一个信托计划的最低金额不少于 100 万元人民币的自然人、法人或者依法成立的其他组织；

（2）个人或家庭金融资产总计在其认购时超过 100 万元人民币，且能提供相关财产证明的自然人；

（3）个人收入在最近三年内每年收入超过 20 万元人民币或者夫妻双方合计收入在最近三年内每年收入超过 30 万元人民币，且能提供相关收入证明的自然人。

近年来，国内信托行业发展迅猛，其管理的资产规模仅次于银行业。银监会及信托业协会数据显示，截至 2014 年三季末，银行业金融机构总资产为 163 万亿元，而信托业总资产则以 12.9 万亿元规模，超越保险及证券业，雄踞第二位。信托公司已成为中国金融生态圈中的顶级物种。

在金融圈里，信托公司是一种标准的中介平台。当然，这是一种法律赋予特殊含义和意义的中介平台，这个中介平台有 3 种强大的功能和职能：

第一，可以在法律允许范畴内向社会公众募集资金；

第二，可以在法律允许范畴内向客户开放，协助其融资；

第三，可以接受特殊的委托，在委托期间内，全权代理委托人所有资产的各项指定的权利。

信托公司在对其托管的资金或项目进行管理后，会向委托人承诺一定的收益和回报，而这部分收益和回报会比银行的存款和一般理财产品的收益率要高。基于这种属性，其中一种找信托公司服务的人，是手握资金找项目的。钱有了，要投出去，这时候另一种人就找来了，就是有项目缺资金而想融资的。实际操作中的流程是这样的，缺资金的人需要钱了，找到信托公司，信托公司发起信托计划，向有钱的人融资。

说到这里，我们可以谈一下“影子银行”。在中国，提到“影子银行”这个词，十次有八次指的是信托。一部分人可以将钱放到信托公司而获利，另一部分人可以从信托公司拿到需要的钱，从这个角度讲，信托公司实际上履行了类似银行的存贷款职能，但它又不是银行业机构，所以，信托公司就被业内人士称为“影子银行”。

信托公司在经营信托业务的过程中，不直接通过投资获利，而是收取一部分手续费或者佣金，一般为 1% ~ 2%，所以，一些资金体量较小的项目，信托公司是不会接手的。通常情况下，国内最“贫穷”的信托公司能接受的融资资金规模也不会少于 5000 万，根据相关法律的规定，投资于信托公司发起的信托计划，最低金额不能低于 100 万元，而对于融资规模的上限则几乎是不封顶的。从这个角度讲，信托是个高门槛的领域，手里钱少的人，想进来玩，还真不太可能。

我们经常开玩笑说，信托公司在中国金融圈里是最擅长将“非法融资”变成合法融资的机构。比如说，某个机构或者某个人想发起的融资行为，在法律上是不被允许的，这时候他可以将该项目委托给信托公司，而信托公司会将该融资行为通过合法的手段变成合法的融资行为。

在此，我们可以举一个常见的案例：一个获得批准的私募公司，将其募集计划委托给信托公司，信托公司根据其募集的资金额度发起一个信托计划，法律规定，信托公司发起的单个信托计划的自然人人数不得超过 50 人，但单笔委托金额在 300 万元以上的自然人投资者和合格的机构投资者数量不受限制，所以信托公司可以将该信托计划只发给一个投资机构，该机构就是银行。银行会将该融资计划变成一个理财产品，放到全国各网点的窗口去销售，此时，任何人都可以通过银行购买该理财产品，而所有人购买该理财产品的资金汇集起来，最后都流入该私募公司的账户，成为其融资的资金。这种用私募方式发起融资但通过银行面向全国融资的方式，一般被称为“阳光私募”。

以上，就是一个信托公司在实际操作中可以帮您做到的事情，您了解了吗?

04 证券公司

名词解释

证券公司是指依法设立的并经国务院证券监督管理机构审查批准而成立的专门经营证券业务，具有独立法人地位的有限责任公司或者股份有限公司。是专门从事有价证券买卖的法人企业。

是经主管机关批准并到有关工商行政管理局领取营业执照后专门经营证券业务的机构。它具有证券交易所的会员资格，可以承销发行、自营买卖或自营兼代理买卖证券。普通投资人的证券投资都要通过证券商来进行。

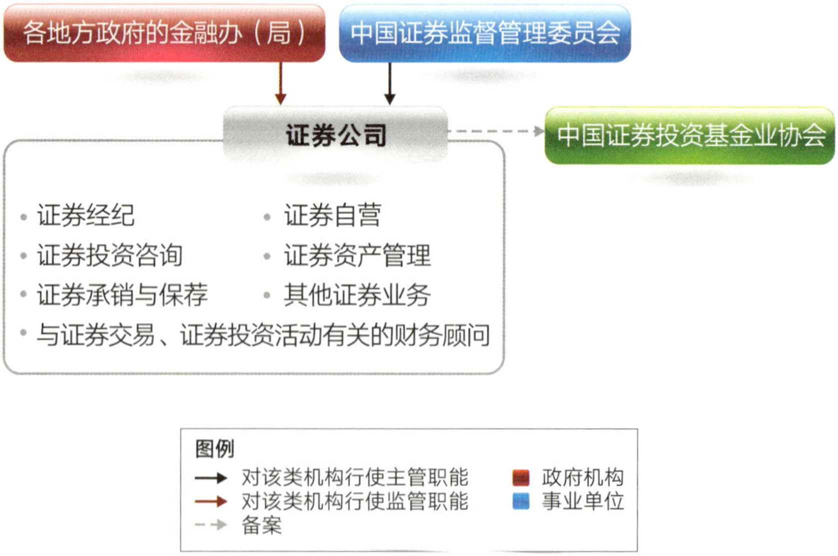

监管机构

中国证券监督管理委员会

涉及法律法规

《证券法》

《证券公司监督管理条例》

《证券公司风险处置条例》

设立条件

根据相关法律法规，设立证券公司的条件包括：

（1）主要股东具有持续盈利能力，信誉良好，无重大违法违规记录 3 年，净资产不低于人民币 2 亿元；

（2）证券公司的注册资本应当是实缴资本。证券公司的股东应当用货币或者证券公司经营必需的非货币财产出资。证券公司股东的非货币财产出资总额不得超过证券公司注册资本的 30%；

（3）证券公司经营证券经纪、证券投资咨询和与证券交易、证券投资活动有关的财务顾问业务的，注册资本最低限额为人民币 5000 万元；

经营证券承销与保荐、证券自营、证券资产管理和其他证券业务之一的，注册资本最低限额为人民币 1 亿元；经营其中两项以上的，注册资本最低限额为人民币 5 亿元。

国务院证券监督管理机构根据审慎监管原则和各项业务的风险程度，可以调整注册资本最低限额，但不得少于前款规定的限额。

（4）证券公司应当有 3 名以上在证券业担任高级管理人员满 2 年的高级管理人员。

（5）单位或者个人净资产低于实收资本的 50%，或者或有负债达到净资产的 50%，不得成为持有证券公司 5% 以上股权的股东、实际控制人。

（6）法律、行政法规规定的和经国务院批准的国务院证券监督管理机构规定的其他条件。

业务范围

经国务院证券监督管理机构批准，证券公司可以经营下列部分或者全部业务：

（1）证券经纪；

（2）证券投资咨询；

（3）与证券交易、证券投资活动有关的财务顾问；

（4）证券承销与保荐；

（5）证券自营；

（6）证券资产管理；

（7）其他证券业务。

——证券公司可以经营的业务范围如上所述，其中构成证券公司主要盈利来源的是其中四种：

第一种是证券经纪。证券公司作为居间平台，赚取居间费用，所有在证券公司开户买卖股票等各种证券，都要缴纳手续费，这是证券公司最主要的收入来源；

第二种是证券的承销与保荐。在中国所有已经上市的公司，可以进行融资的重要方式叫公司债，这种债券发行，必须由证券公司帮助其寻找买主，交易达成后证券公司从中赚取承销的费用；企业上市之后，证券公司的承销部门就会退出，而通过证券公司的经纪业务在证券市场中进行的任何一笔交易，都需要向证券公司缴纳手续费，每交割一次，证券公司就会有一笔手续费的收入；

第三种是证券投资咨询和顾问。证券公司为客户提供证券方面的讯息，赚取咨询和顾问费用，由于证券相关的咨询和培训业务也需要取得证监会的许可，而证券公司本身具有开展该种业务的资格，所以较其他类经纪公司具有天然优势；

第四种是证券自营。即对自己和其他公司发行的证券进行经营，自行买卖。

在中国，任何企业一家想要上市，都离不开证券公司的帮助。证券公司在您的企业上市的过程中，起到决定性的作用。企业上市，需要证券公司的保荐，上市之后的融资，需要证券公司对企业的证券进行销售。由此，可以看出证券公司在中国金融市场的地位。他们也是中国金融生态圈的顶级物种，位于二级序列。

企业上市，第一步要做的就是要跟证券公司签订一份财务顾问协议。然后由证券公司引入的会计师事务所对企业财务进行审计，由证券公司引入的评估事务所对企业进行评估，由证券公司引入的律师事务所为企业上市提供法律支持，最终所有文件汇集到一起，形成招股说明书。这份招股说明书需要由 2 个具有资质的保荐代表人签字，最终形成效力。到此，才有资格向证监会申报审批，走完上市的第一步。

由于企业上市后的融资行为在很大程度上要依赖证券公司的承销，因此证券公司对企业发行的企业债券是否用心，决定了企业上市融资的最终结果，所以投资人需要维护好和证券公司的关系。

由于证券公司的业务开展需要在各地开设大量的窗口，因此，从理论上讲，一家证券公司在各地开设的窗口越多，开户数量越多，也就意味着其资金实力越雄厚。同时，在中国，具有证券公司牌照的企业都可以在证监会的网站上查询到，有些打着证券公司名号来骗您做企业上市的，上网查一下就可以分辨了。选择一家实力雄厚的证券公司，是企业上市的关键环节。

由于证券公司帮客户开设的账户是需要委托给银行的，所以证券公司在某个银行做这项业务，将该银行作为开户的主要银行，都能够大幅提高该银行的资本金充足率，因此，银行和证券公司的关系是非常紧密的，两者之间有着千丝万缕的联系，会产生外人很难想象的关联性业务。

上面提到了保荐代表人，这个是很值得说一说的。作为证券公司最关键的核心人群，保荐代表人在企业上市的过程中有着举足轻重的作用，没有他们的签字，招股说明书就没有法律效力。保荐代表人是中国各行业中收入水平最高的人群之一，被成为“金领中的金领”。如果您有兴趣，不妨尝试一下，由于只有证券公司的从业人员才有资格考取保荐代表人的资质，所以您可以选择投靠证券公司，经过自己的努力，考取保荐代表人资质，从此，做一名“金领中的金领”，走上人生巅峰！

05
基金公司

名词解释

基金公司就是运用基金财产为资金，通过投资来获利的一种公司。这里的基金指的是投资基金，就是把社会上的各种形式的资金融合到一个法律主体里，专门用于投资获利。

基金的概念，分为广义和狭义两种。广义上的基金，包括投资类基金和公益性基金。投资类基金又可以按照投资方向分为实体投资基金、证券投资类基金和契约类投资基金。而公益基金则多为慈善类的，比如红十字基金、壹基金等。狭义的基金，指的就是证券投资类基金，也是我们日常在与证券相关的信息中最常提到的概念。本词条所讲的基金仅指非证券投资类的投资基金和基金公司。关于证券投资基金和基金管理公司，将在后面再具体讲解。

监管机构

依据相关法律法规的规定，按照投资方向的不同，基金公司的监管分属于不同的机构，投资于证券类的基金由证监会监管，投资契约类（如信托）的基金由银监会监管，投资于实体经济的则无明确的主管单位，直接到工商部门备案即可。

涉及法律法规

目前除了投资证券业的基金之外，国家对于普通的投资基金暂时没有明确的法律规定。

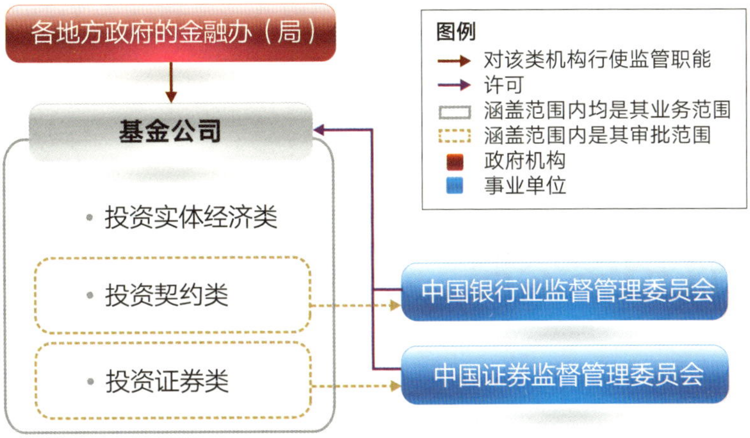

普华在线洞察 SINO-BALANCE ONLINE INSIGHT

基金公司在中国金融生态圈中是一种略特殊的金融机构。基金公司管理的基金，是广义上的投资基金，由于其只能通过投资获利，甚至于大部分基金公司本身没有发票，基金公司的经营业务范畴往往比我们见过的普通的有限责任公司要狭窄，盈利能力也低，但由于其只能向指定的领域和方向投资，其投资风险也比普通公司低，所以基金公司往往是由资本雄厚的财团等大机构或是具有国有背景的机构为了保证资金安全而单独设立的某种组织，对民营企业来说，并非是一个进入金融领域去投资获利的好选择。非但不能收到较高的投资回报，还往往会限于其经营规则而束手束脚。

按照其募集资金的方式，基金又分为公开募集基金和非公开募集资金（私下募集基金），公开募集基金可以向大众募集资金，而非公开募集资金则只能向指定人群进行私下的募集。根据国家相关法律的规定，只有极少数的基金公司可以获得公开募集的资格，大部分基金公司只能进行私下募集活动。

06
融资性担保公司

名词解释

担保公司分为融资性担保公司和非融资性担保公司，本书所说的是融资性担保公司，非融资性担保公司的业务与金融无关，所以本书不再介绍。

融资性担保公司是指依法设立，经营融资性担保业务的公司。融资性担保是指担保人与银行业金融机构等债权人约定，当被担保人不履行对债权人负有的融资性债务时，由担保人依法承担合同约定的担保责任的行为。

融资性担保公司具有独特的条件，可以向金融机构提供不超过其净资产的10倍的担保额，这等于变相帮助被担保人达成了融资，比如某融资性担保公司注册资金1亿，按照法律规定，该担保公司可以为被担保人向金融机构申请的额度为10亿元的贷款进行担保。所以该单位被称为融资性担保公司。

监管机构

中国银行业监督管理委员会普惠金融部

涉及法律法规

《担保法》
《融资性担保公司管理暂行办法》

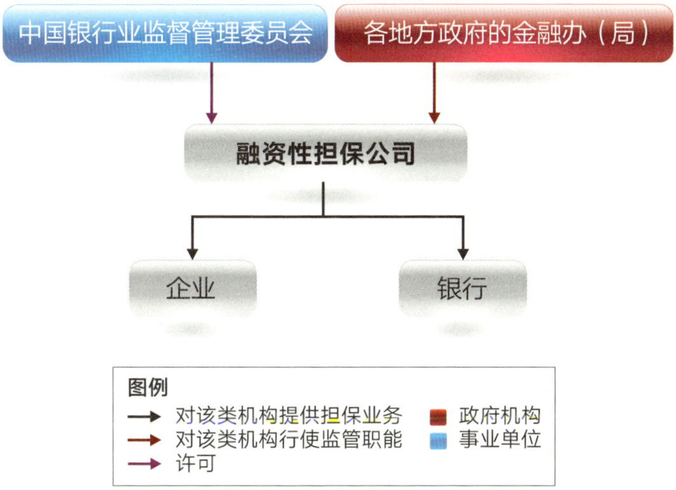

设立条件

监管部门根据当地实际情况规定融资性担保公司注册资本的最低限额，但不得低于人民币500万元。注册资本为实缴货币资本。从事再担保业务的融资性担保公司除需满足前款规定的条件外，注册资本应当不低于人民币1亿元，并连续营业两年以上。

设立融资性担保公司，应向监管部门提交下列文件、资料：

（1）申请书。应当载明拟设立的融资性担保公司名称、住所、注册资本和经营范围等事项。

（2）可行性研究报告。

（3）章程草案。

（4）股东名册及其出资额、股权结构。

（5）股东出资的验资证明以及持有注册资本5%以上股东的资信证明和有关资料。

（6）拟任董事、监事、高级管理人员的资格证明。

（7）经营发展战略和规划。

（8）营业场所证明材料。

（9）监管机构要求提交的其他文件、资料。

业务范围

融资性担保公司经监管部门批准，可以经营或兼营下列部分或全部融资性担保业务：

（1）贷款担保。

——主要是为各类机构获取银行的贷款提供还款担保。

（2）票据承兑担保。

——为各种类型的票据承诺兑换成现金提供资金担保。

（3）贸易融资担保。

——为贸易机构完成贸易订单进行的融资提供还款担保。

（4）项目融资担保。

——为指定的项目进行必要的融资提供还款担保。

（5）信用证担保。

——为银行开具信用证提供信用证到期兑现提供担保。

（6）诉讼保全担保。

——在法律诉讼期间保证资金或资产安全提供担保。

（7）投标担保、预付款担保、工程履约担保、尾付款如约偿付担保等履约担保业务。

——在项目投标、预付款、工程履行约定或尾款支付等业务过程中提供资金的担保。

（8）为其他融资性的业务提供担保

（9）与担保业务有关的融资咨询、财务顾问等中介服务。

（10）担保公司可以用自有资金进行投资获利。

（11）监管部门规定的其他业务。

融资性担保公司不得从事下列活动：

（1）吸收存款。

——不得以任何形式吸收社会公众的存款。

（2）发放贷款。

——不得以任何形式将自有资金贷款给其他机构和个人。

（3）受托发放贷款。

——不得接受任何委托向其他机构和个人发放贷款。

（4）受托投资。

——不得接受任何其他机构的委托对项目进行投资。

（5）监管部门规定不得从事的其他活动。

此外，依照法律规定，融资性担保公司的融资性担保责任余额不得超过其净资产的10倍。融资性担保公司对单个被担保人提供的融资性担保责任余额不得超过净资产的10%，对单个被担保人及其关联方提供的融资性担保责任余额不得超过净资产的15%，对单个被担保人债券发行提供的担保责任余额不得超过净资产的30%。

融资性担保公司以自有资金进行投资，限于国债、金融债券及大型企业债务融资工具等信用等级较高的固定收益类金融产品，且总额不高于净资产20%。

融资性担保公司不得为其母公司或子公司提供融资性担保。

——某担保公司的注册资本金为1亿元，则其向被担保人提供的担保总额度不能超过10个亿；向单个被担保人提供的担保额度不得超过1000万；向单个被担保人及其关联方提供的融资性担保不得超过1500万；对单个被担保人债券发行提供的担保责任余额不得超过3000万元。由此可以看出，虽然融资性担保公司的注册资本金最低额度是500万元，但在实际操作中，融资性担保公司的注册资金远远高于这个额度，否则基本无法正常开展融资性担保业务。

融资性担保公司由于其较高的经营风险，在中国金融生态圈中的地位并不确定，目前可以列到三级序列之中。融资性担保公司是向银监会申请，专门从事担保业务的机构，需要经过特定的审批。相对来讲，其安全可靠性要比一般的民营投资公司、小贷公司和典当公司高。所以由担保公司提供的担保，要比其他机构提供的担保可靠得多，信用程度要高得多。但是，担保公司也并不意味着百分百的安全可靠。

担保公司一般注册为有限责任公司或者股份有限公司，也就是说担保公司的责任也是在自身注册资本金额度内的有限承担，担保公司的股东在担保公司破产的时候并不对其担保的金额承担注册资本金以外的赔偿责任。很多人认为，有了担保公司提供担保，他的投资和借款就是没风险的，这种观点是超级危险的。

纯民营类的担保公司目前是中国民营金融机构中死亡率最高的群体之一，由于其是否能够承担担保的 10 倍额度，完全是由银行的态度决定的，银行会决定是否认可其提供的担保，所以当银行安排民营担保公司为其推荐的企业进行担保时，不管这些企业的真实资产状况如何，民营担保公司都不敢不为其提供担保，否则就意味着将不再受到银行的认可。而这一类企业往往是死亡率最高的群体。

以河南省为例，2014 年河南省担保公司尸横遍野，全省担保公司的倒闭率达到 90%，所有由这些倒闭的担保公司提供担保的还款，基本都是血本无归，所以在任何商业活动中，大家不要认为有担保公司提供担保就一定是安全的。担保公司本身也不能保证自己可以一直衣食无忧，它负担的所有责任都是跟自己的资金紧密相关的，要想让担保公司提供更多更安全的担保，需要另一个机构——再担保公司。

07 再担保公司

名词解释

再担保公司是专门为担保公司提供再担保的特殊企业机构。它的主要经营业务是通过 3 种方式为担保公司提供的担保设立另外一种安全可靠的保障。再担保公司也可以直接为被担保方提供担保业务。

所谓再担保，是指为担保人设立的担保。当担保人不能独立承担担保责任时，再担保人将按合同约定比例向债权人继续剩余的清偿，以保障债权的实现。双方按约承担相应责任，享有相应权利。

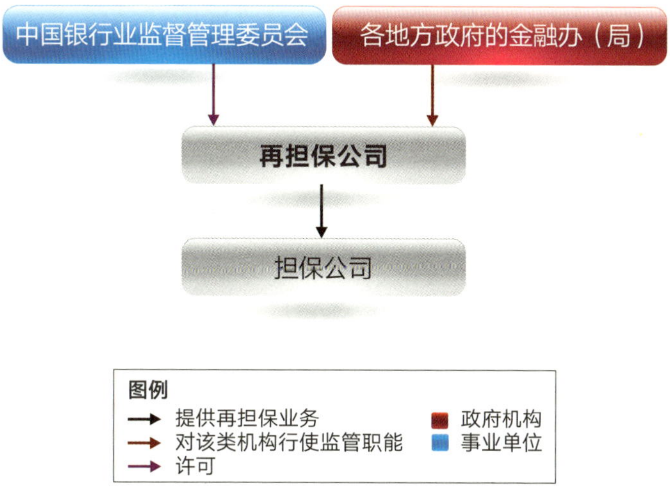

监管机构

再担保公司目前暂无明确的监管机构

涉及法律法规

《担保法》

《融资性担保公司管理暂行办法》

再担保的方式

再担保方式主要采用固定比例再担保、溢额再担保和联合再担保三种。

（1）固定比例再担保。

固定比例再担保是由担保人和再担保人约定，对在一定担保责任限额内的业务，担保人将全部同类担保业务都按约定的同一比例向再担保人进行再担保，每项业务的担保费和发生的损失，也按双方约定的比例进行分配和分摊。

（2）溢额再担保。

溢额再担保是由担保人将其超过预定限额的担保责任向再担保人进行再担保，或由担保人和再担保人共同对被担保人担保，由再担保人承担超过担保人预定限额的担保责任，对每一项业务的担保费和发生的损失也按双方承担的比例进行分配和分摊。

（3）联合再担保。

联合再担保是指对于数额较大的或超过担保人规定担保能力较多的单项担保业务，经协商一致，可由省市担保机构共同与被担保人签定委托保证协议，共同与银行签定保证合同，双方按各自承担责任的比例承担相应的权利和义务。

国内的再担保公司都拥有雄厚的资金实力，多数还具有国资背景，所以再担保公司在中国金融生态圈中，也可列到二级序列之中。

担保公司可以开展再担保业务，但担保公司的担保业务不得为其担保业务提供再担保。再担保其实是为担保公司的担保业务提供更多一层的安全保障，是在担保公司的担保业务不足以为某项目提供担保的情况下提供的担保，如果项目 A 是被担保公司提供担保，而另一个项目 B 是被担保公司提供担保后又由再担保公司为担保公司提供了再担保，基本可以认定项目 B 要比项目 A 的安全性高得多。说白了，毕竟两家担保公司同时倒闭而无法提供偿还的可能性要小得多。

08
保险公司

名词解释

保险公司是依照法规设立的经营商业保险业务的金融机构，销售保险合约、提供风险保障。按照经营业务的不同可以分为人寿保险公司和财产保险公司。

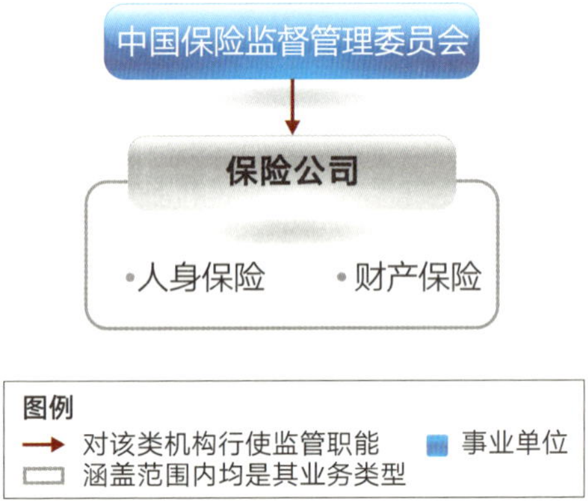

监管机构

中国保险监督管理委员会

涉及法律法规

《保险法》

设立条件

设立保险公司应当具备下列条件：

（1）设立保险公司应当经国务院保险监督管理机构批准；

（2）主要股东具有持续盈利能力，信誉良好，最近3年内无重大违法违规记录，净资产不低于人民币2亿元，注册资本必须为实缴货币资本；

（3）设立保险公司，应当向国务院保险监督管理机构提出书面申请，并提交设立申请书（载明拟设立的保险公司的名称、注册资本、业务范围等）、投资人的营业执照或者其他背景资料，经会计师事务所审计的上一年度财务会计报告；

（4）保险公司应当聘用经国务院保险监督管理机构认可的精算专业人员，建立精算报告制度；

（5）国务院保险监督管理机构规定的其他条件。

业务范围

根据相关法律法规的规定，保险公司可以开展以下业务：

（1）人身保险业务，包括人寿保险、健康保险、意外伤害保险等保险业务。

（2）财产保险业务，包括财产损失保险、责任保险、信用保险、保证保险等保险业务。

（3）经国务院保险监督管理机构批准，保险公司可以经营上述保险业务的分出保险和分入保险的再保险业务。

（4）保险人（包括保险公司）不得兼营人身保险业务和财产保险业务。但是，经营财产保险业务的保险公司经国务院保险监督管理机构批准，可以经营短期健康保险业务和意外伤害保险业务。

——有些保险公司为此设立企业集团，在集团下属的不同企业分别经营寿险和财险业务。

（5）经国务院保险监督管理机构会同国务院证券监督管理机构批准，保险公司可以设立保险资产管理公司。从事证券投资活动获利。

（6）国务院保险监督管理机构批准的与保险有关的其他业务。

此外，保险公司对每一危险单位，即对每一次保险事故可能造成的最大损失范围所承担的责任，不得超过其实有资本金加公积金总和的10%，超过的部分，依法应当办理再保险。

除人寿保险业务外，保险公司应当将其承保的每笔保险业务的20%办理再保险。

保险公司需要办理再保险分出业务的，应当优先向中国境内的保险公司办理。

金融监督管理部门有权限制或者禁止保险公司向中国境外的保险公司办理再保险分出业务或者接受中国境外再保险分入业务。

资金运用

由于保险公司的特殊定位，保险公司的资金运用必须稳健，遵循安全性原则。保险公司的资金运用限于下列形式：

（1）银行存款；

（2）买卖债券、股票、证券投资基金份额等有价证券；

（3）投资不动产；

（4）国务院规定的其他资金运用形式。

保险公司资金运用的具体管理办法，由国务院保险监督管理机构制定。

保险公司在金融体系中占据着较高的地位，其颇高的设立门槛决定了其必然拥有雄厚的资金实力，在中国金融生态圈中，保险公司属于顶级生物。随着市场经济的发展和国家对于保险的推广，在中国，保险机制已经越来越活跃了，虽然根据法律目前的保险业务范围只限于人寿保险和财产保险两方面，但实际上保险行业各领域的具体细则已经非常灵活，任何一家保险公司都可以根据自己的业务需要在法律允许的范围内专门设立一个险种，向中国保险监督管理委员会（以下简称保监会）报备通过后即可实施该险种的推广。所以，打个比方说，如果您觉得自己家的狗狗的健康或安全需要买一份保险，或者您的鼻子的健康和美观需要一份保险，您都可以向保险公司申报，保险公司经过精算认可这笔保险项目，就可以根据您的需要新设一个保险险种。

世界上各类保险公司中，最赚钱的业务当属航空意外保险，因为民营航空的高安全性，航空意外几率极低，远远低于道路交通意外，因此航空意外保险的赔付几率也就极低，盈利也就越高。然后，随着近几年各国空难的频发，也有保险公司因为大型空难的巨额赔偿倾家荡产，在空难频发的 2014 年，从事航空意外保险业务的保险公司的日子应该不太好过。

而对于投保人来说，车险是最有价值的保险之一。每一家从事财产保险业务的保险公司，在车险这一项业务上，都是较难盈利的，根本原因还在于道路交通事故的高发率以及车辆出险要赔付的较高的金额。

09 再保险公司

名词解释

再保险是保险人将其承担的保险业务，以分保形式部分转移给其他保险人。再保险公司是指专门从事再保险业务、不直接向投保人签发保单的保险公司。也就是保险公司的保险公司。保险公司为了分散风险，把一些大的承保单位再分保给另一保险公司。接受这一保单的公司就是再保险公司，一般出现在在财险中比较多。再保险人与本来的被保险人无直接关系，只对原保险人负责。

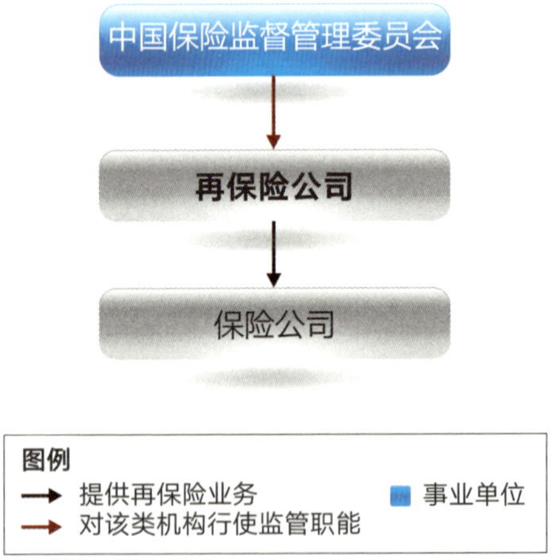

监管机构

中国保险监督管理委员会

涉及法律法规

《保险法》

《再保险公司设立规定》（保监会令 2002 第 4 号）

设立条件

（1）设立再保险公司应经中国保险监督管理委员会（以下简称保监会）批准。

（2）人寿再保险公司和非人寿再保险公司的实收货币资本金应不低于 2 亿元人民币或等值的可自由兑换货币。

综合再保险公司的实收货币资本金应不低于 3 亿元人民币或等值的可自由兑换货币。外国保险公司的出资应当为可自由兑换货币。

（3）再保险公司应当聘用经中国保监会认可的精算专业人员。

（4）投资再保险公司的中资股东应符合中国保监会《向保险公司投资入股暂行规定》，其持股比例和股权变更，应遵守中国保监会的有关规定。

业务范围

经中国保监会批准，再保险公司可以经营以下全部或部分业务：

1. 人寿再保险业务

（1）中国境内的再保险业务；

（2）中国境内的转分保业务；

（3）国际再保险业务。

2. 非人寿再保险业务

（1）中国境内的再保险业务；

（2）中国境内的转分保业务；

（3）国际再保险业务。

3. 同时经营上述两项的全部或部分业务。

再保险业务一般出现在涉及金额巨大的市场活动中，比如火箭发射，大型轮船首航等，以及其他大的建设项目中。因而再保险公司需要极其雄厚的实力，在国内市场，再保险业务多数是由国有背景的国有保险集团公司接手，设立再保险公司是国家保障国内保险市场稳定进而稳定整个金融市场的重要手段之一。与保险公司一样，再保险公司也是中国金融生态圈中的顶级物种。

10 财务公司

名词解释

财务公司是指以加强企业集团资金集中管理和提高企业集团资金使用效率为目的，为企业集团成员单位提供财务管理服务的非银行金融机构。中国的财务公司都是由企业集团内部集资组建的，其宗旨和任务是为本企业集团内部各企业筹资和融通资金，促进其技术改造和技术进步。财务公司是隶属于大型企业集团的非银行金融机构，准确的称谓应为企业集团财务公司。

自 1987 年 5 月我国第一家企业集团财务公司成立以来，到目前为止，全国能源电力、航天航空、石油化工、钢铁冶金、机械制造等关系国计民生的基础产业和各个重要领域的大型企业集团几乎都拥有了自己的财务公司。

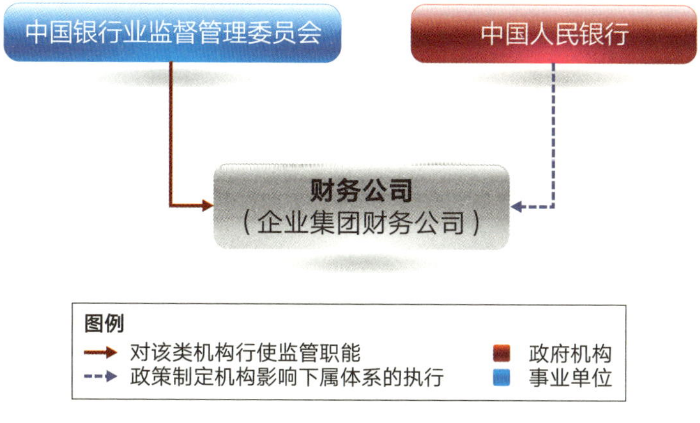

监管机构

中国银行业监督管理委员会

涉及法律法规

《企业集团财务公司管理办法》（银监会令 2006 年第 8 号）

设立条件

设立财务公司，应当报经中国银行业监督管理委员会审查批准。

申请设立财务公司的企业集团（母公司），应具备以下条件：

（1）申请前一年，母公司的注册资本金不低于 8 亿元人民币；

（2）申请前一年，按规定并表核算的成员单位资产总额不低于 50 亿元人民币，净资产率不低于 30%；

（3）申请前连续两年，按规定并表核算的成员单位营业收入总额每年不低于 40 亿元人民币，税前利润总额每年不低于 2 亿元人民币；

（4）外资投资性公司除适用上述规定外，申请前一年其净资产应不低于 20 亿元人民币，申请前连续两年每年税前利润总额不低于 2 亿元人民币；

（5）银监会规定的其他审慎性条件。

设立财务公司，应当具备下列条件：

（1）设立财务公司的注册资本金最低为 1 亿元人民币。财务公司的注册资本金应当是实缴的人民币或者等值的可自由兑换货币。经营外汇业务的财务公司，其注册资本金中应当包括不低于 500 万美元或者等值的可自由兑换货币；

（2）财务公司的注册资本金应当主要从成员单位中募集，并可以吸收成员单位以外的合格的机构投资者的股份；

（3）财务公司从业人员中从事金融或财务工作 3 年以上的人员应当不低于总人数的三分之二，其中从事金融或者财务工作 5 年以上人员应当不低于总人数的三分之一；

（4）银监会规定的其他审慎性条件。

财务公司申请设立分公司，应当符合下列条件：

（1）财务公司设立2年以上，且注册资本金不低于3亿元人民币，资本充足率不低于10%；

（2）拟设立分公司所服务的成员单位不少于10家，且上述成员单位资产合计不低于10亿元人民币，或成员单位不足10家，但成员单位资产合计不低于20亿元人民币；

（3）财务公司分公司的营运资金不得少于5000万元人民币。财务公司拨付各分公司的营运资金总计不得超过其注册资本金的50%；

（4）银监会规定的其他审慎性条件。

设立流程

设立财务公司应当经过筹建和开业两个阶段。申请筹建财务公司，应当由母公司向银监会提出申请，并提交申请书（其内容应当包括拟设财务公司名称、所在地、注册资本、股东、股权结构、业务范围等）和可行性研究报告和银监会要求提交的其他文件、资料。

财务公司的筹建申请，经中国银行业监督管理委员会审批同意的，申请人应当自收到批准筹建文件起3个月内完成财务公司的筹建工作，并向中国银行业监督管理委员会提出开业申请，同时提交财务公司章程草案、财务公司经营方针和计划等银监会要求提交的文件、资料。

财务公司的开业申请经中国银行业监督管理委员会核准后，由中国银行业监督管理委员会颁发《金融许可证》并予以公告。财务公司凭《金融许可证》到工商行政管理机关办理注册登记，领取《企业法人营业执照》后方可开业。

业务范围

经银监会批准，中国的财务公司可从事下列部分或全部业务：

（1）对成员单位办理财务和融资顾问、信用鉴证及相关的咨询、代理业务；

（2）协助成员单位实现交易款项的收付；

（3）经批准的保险代理业务；

（4）对成员单位提供担保；

（5）办理成员单位之间的委托贷款及委托投资；

（6）对成员单位办理票据承兑与贴现；

（7）办理成员单位之间的内部转账结算及相应的结算、清算方案设计；

（8）吸收成员单位的存款；

（9）对成员单位办理贷款及融资租赁；

（10）从事同业拆借；

（11）经批准发行财务公司债券；

（12）承销成员单位的企业债券；

（13）对金融机构的股权投资；

（14）有价证券投资；

（15）成员单位产品的消费信贷、买方信贷及融资租赁；

（16）银监会批准的其他业务。

普华在线洞察
SINO-BALANCE ONLINE INSIGHT

在改革开放之初，国内的民营企业大多不具备发起设立集团财务公司的基本条件，所以民营企业很少关注这种方式，随着国内经济的飞速发展，民营企业逐渐发展壮大，有很多民营企业已经具备开设企业集团财务公司的条件。财务公司是在中国金融行业内部常说的企业内部银行，其在企业内部实施的功能基本上具备银行的大多数业务功能，能为企业内部所有成员企业提供最直接最优化的金融服务。建议符合申请条件的民营企业，可以按照法规的要求设立财务公司。

财务公司隶属于企业集团，并不独立出现在金融市场之中，所以在中国金融生态圈中也是一个特别的存在。

11 消费金融公司

名词解释

消费金融公司是指经中国银行业监督管理委员会批准，在中华人民共和国境内设立的，不吸收公众存款，以小额、分散为原则，为中国境内居民个人提供以消费为目的的贷款的非银行金融机构。

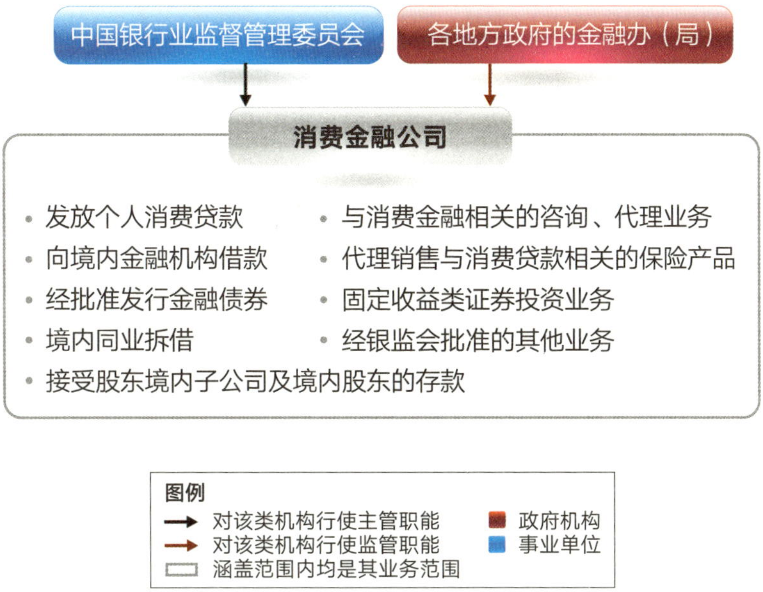

监管机构

中国银行业监督管理委员会

涉及法律法规

《消费金融公司试点管理办法》

设立条件

消费金融公司的出资人分为主要出资人和一般出资人。主要出资人是指出资数额最多并且出资额不低于拟设消费金融公司全部股本30%的出资人，一般出资人是指除主要出资人以外的其他出资人。

申请设立消费金融公司应当具备下列条件：

（1）消费金融公司的注册资本应当为一次性实缴货币资本，最低限额为3亿元人民币或等值的可自由兑换货币；

（2）消费金融公司至少应当有1名具备5年以上消费金融业务管理和风险控制经验，并且出资比例不低于拟设消费金融公司全部股本15%的出资人；

（3）金融机构作为消费金融公司主要出资人，应具有5年以上消费金融领域的从业经验且最近1年年末总资产不低于600亿元人民币或等值的可自由兑换货币（合并会计报表口径）；并且要承诺5年内不转让所持有的消费金融公司股权（银行业监督管理机构依法责令转让的除外），并在拟设公司章程中载明；

（4）非金融企业作为消费金融公司主要出资人，最近1年营业收入不低于300亿元人民币或等值的可自由兑换货币（合并会计报表口径）；最近1年年末净资产不低于资产总额的30%（合并会计报表口径）；并承诺5年内不转让所持有的消费金融公司股权（银行业监督管理机构依法责令转让的除外），并在拟设公司章程中载明；

（5）银监会规定的其他审慎性条件。

业务范围

经银监会批准，消费金融公司可以经营下列部分或者全部人民币业务：

（1）发放个人消费贷款；消费金融公司向个人发放消费贷款不应超过客户风险承受能力且借款人贷款余额最高不得超过人民币20万元；

（2）接受股东境内子公司及境内股东的存款；

（3）向境内金融机构借款；

（4）经批准发行金融债券；

（5）境内同业拆借；

（6）与消费金融相关的咨询、代理业务；

（7）代理销售与消费贷款相关的保险产品；

（8）固定收益类证券投资业务；

（9）经银监会批准的其他业务。

监管指标要求

消费金融公司应当遵守下列监管指标要求：

（1）资本充足率不低于银监会有关监管要求；

（2）同业拆入资金余额不高于资本净额的 100%；

（3）资产损失准备充足率不低于 100%；

（4）投资余额不高于资本净额的 20%。

普华在线洞察 SINO-BALANCE ONLINE INSIGHT

消费金融公司在中国金融市场中是一个新兵，是中国金融生态圈中的新生物种。消费金融公司的出现，凸显了国家以拉动内需消费带动经济发展的宏观战略。也可以看得出，国家政策层面一直在鼓励老百姓消费，希望借鉴西方国家人们提前消费的观念，借此刺激经济增长。

消费金融公司提供的模式，在某种程度上可以帮助消费者节省手中的现金支出，也为社会大众的消费提供尽可能多的途径与方式，完善了中国金融体系，促进金融市场健康发展。

番外篇丨金融机构企业划型

国内金融机构和企业的类型划分，此前并无标准。为了完善央行的《金融业机构信息管理系统》，方便政府部门和社会各界查询使用，2015年9月，央行会同银监会、证监会、保监会和国家统计局印发了《金融业企业划型标准规定》。该规定采用复合分类方法对金融业企业进行了分类。

该规定确立了官方对于国内金融机构和企业的划分标准，但其作用更主要体现在政府及相关机构对金融机构的统计和宏观考量方面，而本书为了方便读者的阅读，突出实用性，并未采取该标准的划分方法，而是根据金融机构的属性划分，所以这里要给大家提个醒。下面我们来了解一下这个划分标准。

首先，按《国民经济行业分类》将金融业企业分为货币金融服务、资本市场服务、保险业、其他金融业四大类。其次，将货币金融服务分为货币银行服务和非货币银行服务两类，将其他金融业分为金融信托与管理服务、控股公司服务和其他未包括的金融业三类。最后，按经济性质将货币银行服务类金融企业划为银行业存款类金融机构；将非货币银行服务类金融业企业分为银行业非存款类金融机构，贷款公司、小额贷款公司及典当行；将资本市场服务类金融业企业划为证券业金融机构；将保险业金融企业划为保险业金融机构；将其他金融业企业分为信托公司、金融控股公司和除贷款公司、小额贷款公司、典当行以外的其他金融机构。

此外，采用一个完整会计年度中四个季度末法人并表口径的资产总额（信托公司为信托资产）平均值作为划型指标，依据指标标准值，将各类金融业企业划分为大、中、小、微四个规模类型，中型企业标准上限及以上的为大型企业。

（1）银行业存款类金融机构。资产总额40000亿元以下的为中、小、微型企业。其中，资产总额5000亿元及以上的为中型企业，资产总额50亿元及以上的为小型企业，资产总额50亿元以下的为微型企业。

（2）银行业非存款类金融机构。资产总额1000亿元以下的为中、小、微型企业。其中，资产总额200亿元及以上的为中型企业，资产总额50亿元及以上的为小型企业，资产总额50亿元以下的为微型企业。

（3）贷款公司、小额贷款公司及典当行。资产总额1000亿元以下的为中、小、微型企业。其中，资产总额200亿元及以上的为中型企业，资产总额50亿元及以上的为小型企业，资产总额50亿元以下的为微型企业。

（4）证券业金融机构。资产总额1000亿元以下的为中、小、微型企业。其中，资产总额100亿元及以上的为中型企业，资产总额10亿元及以上的为小型企业，资产总额10亿元以下的为微型企业。

（5）保险业金融机构。资产总额5000亿元以下的为中、小、微型企业。其中，资产总额400亿元及以上的为中型企业，资产总额20亿元及以上的为小型企业，资产总额20亿元以下的为微型企业。

（6）信托公司。信托资产1000亿元以下的为中、小、微型企业。其中，信托资产400亿元及以上的为中型企业，信托资产20亿元及以上的为小型企业，信托资产20亿元以下的为微型企业。

（7）金融控股公司。资产总额40000亿元以下的为中、小、微型企业。其中，资产总额5000亿元及以上的为中型企业，资产总额50亿元及以上的为小型企业，资产总额50亿元以下的为微型企业。

（8）除贷款公司、小额贷款公司、典当行以外的其他金融机构。资产总额1000亿元以下的为中、小、微型企业。其中，资产总额200亿元及以上的为中型企业，资产总额50亿元及以上的为小型企业，资产总额50亿元以下的为微型企业。

08 准金融机构篇

CHINA'S
FINANCIAL ECOSYSTEM

- 典当行
- 小额贷款公司
- 保理公司
- 融资租赁公司
- 期货公司
- 投资公司
- 天使投资公司（人）
- 创业投资公司
- 风险投资公司
- 投资管理公司
- 投资顾问公司
- 投资咨询公司
- 财富管理公司
- 第三方理财公司
- 基金管理公司
- 股权私募基金（私募股权基金）
- 证券经纪公司
- 期货经纪公司
- 保险经纪公司
- 市值管理公司
- 财经公关公司

01
典当行

名词解释

典当行是指依法设立的专门从事典当活动的企业法人。典当，是指当户将其动产、财产权利作为当物质押或者将其房地产作为当物抵押给典当行，交付一定比例费用，取得当金，并在约定期限内支付当金利息、偿还当金、赎回当物的行为。

监管机构

商务主管部门对典当业实施监督管理，公安机关对典当业进行治安管理

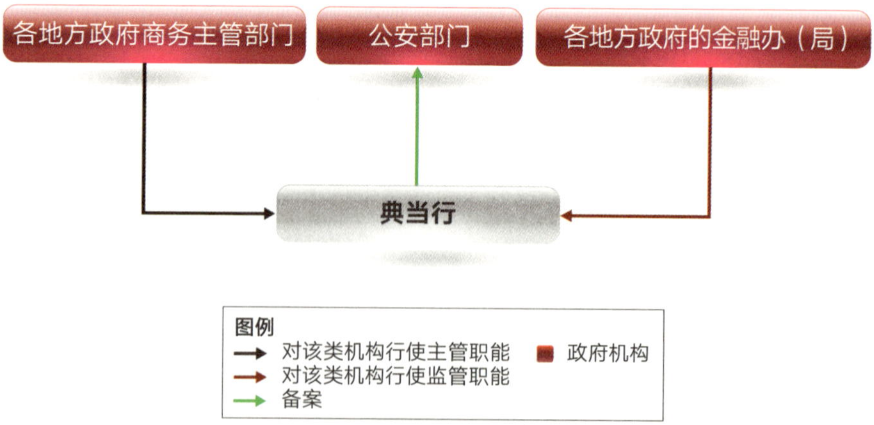

涉及法律法规

《典当管理办法》

设立条件

典当行的设立条件包括：

（1）注册资本最低限额为300万元；从事房地产抵押典当业务的，注册资本最低限额为500万元；从事财产权利质押典当业务的，注册资本最低限额为1000万元。

（2）典当行的注册资本最低限额应当为股东实缴的货币资本，不包括以实物、工业产权、非专利技术、土地使用权作价出资的资本。

（3）符合工商、商务部及公安部门规定的相关要求。

典当行跨省（自治区、直辖市）设立分支机构要具备下列条件：

（1）经营典当业务3年以上，注册资本不少于人民币1500万元；

（2）最近2年连续盈利；

（3）最近2年无违法违规经营记录；

（4）典当行应当对每个分支机构拨付不少于500万元的营运资金；

（5）典当行各分支机构营运资金总额不得超过典当行注册资本的50%。

设立流程

设立典当行，首先应该先建立、健全收当、续当、赎当查验证件（照）制度、保安人员等安全制度。然后典当行的房屋建筑和经营设施要符合国家有关安全标准和消防管理规定，之后向拟设典当行所在地设区的市（地）级商务主管部门提交下列材料：

（1）设立申请（应当载明拟设立典当行的名称、住所、注册资本、股东及出资额、经营范围等内容）及可行性研究报告；

（2）典当行章程、出资协议及出资承诺书；

（3）典当行业务规则、内部管理制度及安全防范措施；

（4）具有法定资格的验资机构出具的验资证明；

（5）档案所在单位人事部门出具的个人股东、拟任法定代表人和其他高级管理人员的简历；

（6）具有法定资格的会计师事务所出具的法人股东近期财务审计报告及出资能力证明、法人股东的董事会（股东会）决议及营业执照副本复印件；

（7）符合要求的营业场所的所有权或者使用权的有效证明文件；

（8）工商行政管理机关核发的《企业名称预先核准通知书》。

业务范围

经批准，典当行可以经营下列业务：

（1）动产质押典当业务；

（2）财产权利质押典当业务；

（3）房地产（外省、自治区、直辖市的房地产或者未取得商品房预售许可证的在建工程除外）抵押典当业务；

（4）限额内绝当物品的变卖；

（5）鉴定评估及咨询服务；

（6）商务部依法批准的其他典当业务。

典当行不得经营下列业务：

（1）非绝当物品的销售以及旧物收购、寄售；

（2）动产抵押业务；

（3）集资、吸收存款或者变相吸收存款；

（4）发放信用贷款；

（5）未经商务部批准的其他业务。

下列物品是典当行不得收当的财物：

（1）依法被查封、扣押或者已经被采取其他保全措施的财产；

（2）赃物和来源不明的物品；

（3）易燃、易爆、剧毒、放射性物品及其容器；

（4）管制刀具，枪支、弹药，军、警用标志、制式服装和器械；

（5）国家机关公文、印章及其管理的财物；

（6）国家机关核发的除物权证书以外的证照及有效身份证件；

（7）当户没有所有权或者未能依法取得处分权的财产；

（8）法律、法规及国家有关规定禁止流通的自然资源或者其他财物。

典当行不得有下列行为：

（1）从商业银行以外的单位和个人借款；

（2）与其他典当行拆借或者变相拆借资金；

（3）超过规定限额从商业银行贷款；

（4）对外投资。

经营规则

典当行的经营规则主要包括：

（1）典当行不得委托其他单位和个人代办典当业务，不得向其他组织、机构和经营场所派驻业务人员从事典当业务。

（2）当物的估价金额及当金数额应当由双方协商确定。

（3）典当期限由双方约定，最长不得超过6个月。

（4）典当当金利率，按中国人民银行公布的银行机构6个月期法定贷款利率及典当期限折算后执行。典当当金利息不得预扣。

（5）典当综合费用包括各种服务及管理费用不得超法律规定的标准。

普华在线洞察 SINO-BALANCE ONLINE INSIGHT

在中国金融生态圈中，典当行并非主流机构。其实我们可以把典当行看作是以6个月为期限的抵押借款公司，借款给你的形式可以多种多样，但是利息要符合国家法律和政策的规定。如果您有连续典当借款的需要，须每6个月去典当行再次签署典当协议。

如今的典当行，经营范围极其广泛，在国家法律允许的范围内，很多特殊物品甚至权利都可以典当，比如房产出租的合同，也是可以进行典当的。在实际操作过程中，大部分典当已经不再采取质押的方式，多数为抵押。比如一个人将他的车进行了典当，但车辆的使用权仍然属于他自己，他还可以开车到处跑。所以典当行成为许多人或机构急需资金而寻求短期借贷的一种比较灵活的方式。

典当行在经营过程中，也会受到一些规则的束缚。其中一条就与营业执照有关。按照法律规定，典当行接手的抵押物品都需要到相关部门去做抵押登记，而在抵押登记的过程中，抵押登记部门均要求典当公司提交典当行的营业执照正本。所以当典当业务较多的时候，这个规则就成为限制典当行业务发展的一个瓶颈了。

此外，根据法律的规定，当出现绝当的情况下，绝当物估价金额不足 3 万元的，典当行可以自行变卖或者折价处理，损溢自负。而当物估价金额在 3 万元以上的，如果双方在典当的时候没有事先约定，典当行是没有资格对当物进行自行处置的，而是应该按照法规向人民法院提请，委托拍卖行公开拍卖，拍卖所得才可以用于对典当行的赔偿。这也是典当行面临的一个比较严峻的现实问题，诉讼耗费的时间以及法院的执行情况，不是典当行可以控制的，很多时候要听天由命了。

所以，为了规避风险，典当行往往在典当协议之外，要另行签署一份委托协议，在协议中规定：如果出现绝当或其他意外的情况，由受委托方依法对当物进行处置。

在目前的典当行业中，由于受到本身为非金融机构的限制，资金的上游即资金的募集会受限，所以有很多典当行会嫁接 P2P 平台，典当公司就成为了中介。当然其中涉及大量的法律问题，需要在实际操作时分别对待。

由于典当行业的竞争比较激烈，以北京为例，有很多的典当行，其主要收入已经不再是来源于接受他人闲置物品的典当，而是已经变成了中高端产品、奢侈品或者收藏品的新颖的销售渠道，有典当行联合电视台等传媒机构，打造百姓藏宝、鉴宝的节目，定期将其收藏的物品作为他人典当的物品进行拍卖，其实那些物品，是当事人委托给典当行进行拍卖的，并非是作为典当物品，这时候，典当就成为了收取中介费、手续费的中介机构。

02 小额贷款公司

名词解释

小额贷款公司，也称小贷公司，是由自然人、企业法人与其他社会组织投资设立，不吸收公众存款、经营小额贷款业务的有限责任公司或股份有限公司。

与银行相比，小额贷款公司更为便捷、迅速，适合中小企业、个体工商户的资金需求；与民间借贷相比，小额贷款更加规范、贷款利息可双方协商。

监管机构

所在地区省级政府金融局（办）

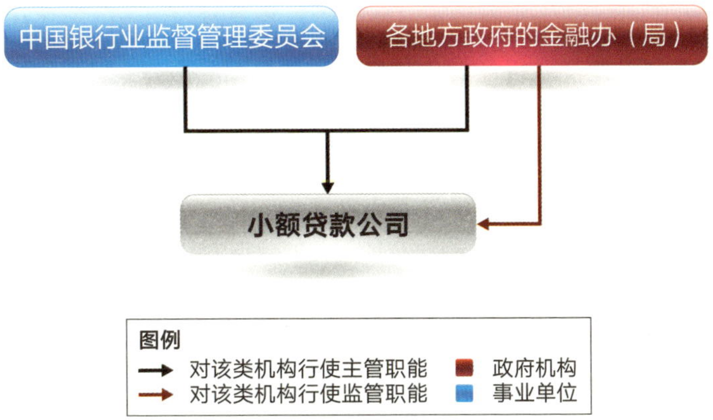

涉及法律法规

《非存款类放贷组织条例》（国务院法制办征求意见稿）

设立条件

设立小贷公司，应当采取有限责任公司、股份有限公司的组织形式。设立小贷公司的条件包括：

（1）小贷公司申请经营放贷业务许可，应当具有与业务规模相适应的实缴注册资本。但有限责任公司的注册资本不得低于等值 500 万元人民币，股份有限公司的注册资本不得低于等值 1000 万元人民币。

（2）小贷公司的董事、监事、高级管理人员，应当具备相应的任职专业知识、3 年以上金融、法律、会计或其他相关业务的从业经验和良好的品行、声誉。

（3）向所在地区的金融局（办）提交申请书、章程草案、法定验资机构出具的验资证明以及未被列入全国法院系统失信被执行人名单的声明等。

设立流程

小贷公司首先要依法向工商行政管理部门办理公司名称预先核准，然后以工商行政管理部门核准的名称，向当地金融局（办）申请经营放贷业务许可。

监督管理部门收到完整申请材料后，在 20 日内作出许可或不予许可的书面决定。经审查决定许可经营放贷业务的，监督管理部门在 10 日内向申请人颁发经营放贷业务许可证。取得经营放贷业务许可证后，依法向工商行政管理部门申请设立登记。

省、自治区、直辖市人民政府监督管理部门设立非存款类放贷组织统一登记公示系统，向社会公布本辖区内非存款类放贷组织的名称、住所地、营业执照及经营放贷业务许可证等相关信息。

业务经营

（1）小贷公司的资金来源主要为股本金投资，也可以向银行申请不高于净资产 50% 的贷款。

（2）小贷公司的贷款利率上限不得超过司法部门规定的上限，下限为人民银行公布的贷款基准利率的 0.9 倍。

（3）小贷公司应当主要运用自有资金从事放贷业务，也可以通过发行债券、向股东或银行业金融机构借款、资产证券化等方式融入资金从事放贷业务。

普华在线洞察 SINO-BALANCE ONLINE INSIGHT

小贷公司是国内最典型的非存款类放贷组织，在中国的金融体系中，是民营的准金融机构的重要组成部分，但是在之前的生存空间比较艰难。在金融法规监管愈见严格、行业管理越来越规范的形势下，《非存款类放贷组织条例》（征求意见稿）的公布，让人们看到小贷公司在今后的非存款类放贷组织中的得天独厚的经营优势，《非存款类放贷组织条例》（征求意见稿）拓宽了资金来源的渠道，允许小贷公司等非存款类放贷组织通过发行债券、向股东或银行业金融机构借款、资产证券化 3 种新途径来融资，变相放低了注册小贷公司的门槛。

一旦监管机构的细则发布实施，小贷公司可能在这个条例的支持下，成为很多企业进入金融领域的一个不错的途径。

03

保理公司

名词解释

保理公司是指专门从事保理业务的非银行法人企业。保理业务是指商业保理企业受让应收账款的全部权利及权益，并向转让人提供应收账款融资、管理、催收、还款保证中至少两项业务的经营活动。

监管机构

商务部及各地商务主管部门

涉及法律法规

《商务部关于商业保理试点有关工作的通知》（商资函 [2012]419 号）

《商业保理企业管理办法》（征求意见稿）

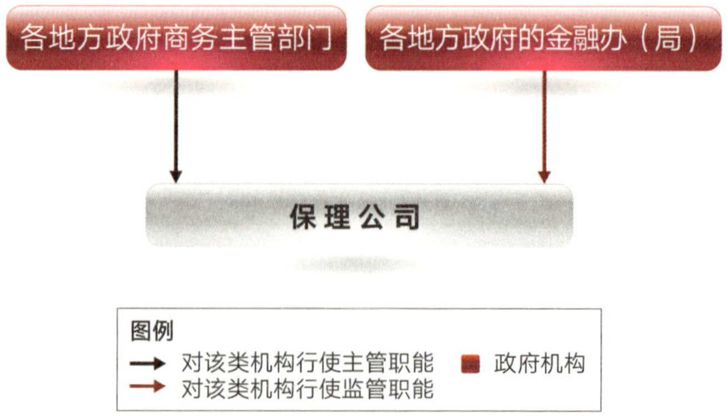

设立条件

设立商业保理公司应满足下列条件：

（1）注册资本应不低于 5000 万元人民币；

（2）拥有 2 名以上具有金融领域管理经验且无不[illegible]记录的高级管理人员；

（3）商业保理公司开展业务时风险资产不得超过[illegible]净资产的 10 倍；

（4）商业保理公司应在人民银行征信中心的应收[illegible]押登记公示系统办理应收账款转让登记，将应收账款权属状态予以公示；

（5）法律规定的其他条件。

设立程序

设立外商投资商业保理企业，申请人首先应向省级商务主[illegible]定的申请材料。商务部门应自收到申请材料之日起，在规定时间内[illegible]的决定，对于批准设立的，颁发外商投资企业批准证书，对于不予批[illegible]说明理由。在获得批准证书后，到工商部门注册成立。

内资保理公司直接按照《公司法》有关规定登记设立。

经营范围

开展商业保理原则上应设立独立的公司，不混业经营，不得从事吸收存款、发放贷款等金融活动，禁止专门从事或受托开展催收业务，禁止从事讨债业务。

保理公司目前在中国金融生态圈中也非主流机构，在生态链中位于下层。目前社会上从事保理业务的机构，既有民营保理公司，也有商业银行。在实际开展过程中，商业银行具有明显的优势，其占有更大的市场，也因此拥有更高的利润空间。

理论上，保理公司向一个企业购买了应收账款的合同之后，抵押给金融机构，可以为自己提供不超过其注册资本金 10 倍的融资，但实际上，没有金融机构真的会为这些抵押合同付款。而银行在开展同样的保理业务时，在购买了应收账款的合同之后，可以用自己的权利，对欠款方企业的账户实行资金的托收。打个比方，某企业将一份 5000 万的欠款合同以 4500 万的价格卖给银行，到期之后如果欠款方不进行偿还，银行会直接将其账户中的 4500 万冻结并划走。

而保理公司则在这方面有着天然的短板，他们接收的保理业务如果出现不还款的情况，只能向法院提请诉讼，要求欠款方偿还，这种追偿的方式，导致保理公司有严重的坏账，在其追偿过程中出现巨大的问题，也正是由于这种劣势，保理公司在市场上的生存空间远比想象中要小得多，盈利难度也比较大。

04 融资租赁公司

名词解释

融资租赁公司就是指根据商务部有关规定从事融资租赁业务的企业。融资租赁业务是指出租人根据承租人对出卖人、租赁物的选择，向出卖人购买租赁物，提供给承租人使用，承租人支付租金的交易活动。

融资租赁就是指需求方将原本准备借款购买的资产或物品的需求转交给第三方，第三方购买该资产或物品，拥有该资产或物品的所有权，然后将使用权出租给需求方，需求方按期支付租金。在租赁合同到期后，第三方可以将该设备以低于市场价的水平卖给需求方。

在中国的融资租赁公司，按照其具体的经营范围和资金的来源划分为金融性租赁公司、内资性融资租赁公司和外商性融资租赁公司，他们的业务收益模式类似，主要的区别在于金融租赁公司可采取融资的方式较多，具有金融牌照，

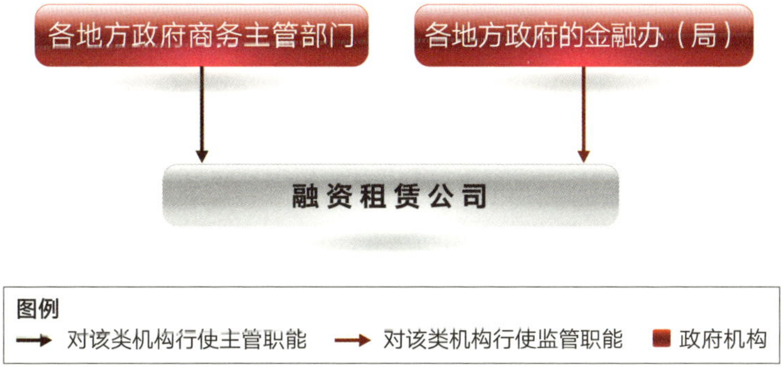

业务方式较多，后两者根据股东投资的属性划分，渠道少于金融类租赁公司，且不具备金融牌照。本词条仅讲解融资租赁公司，不再解释金融租赁公司。

监管机构

商务部及省级商务主管部门

涉及法律法规

《融资租赁企业监督管理办法》（商流通发 [2013]337 号）

《商务部 国家税务总局关于从事融资租赁业务有关问题的通知》

设立条件

从事融资租赁业务的企业应当同时具备下列条件：

（1）2001 年 8 月 31 日（含）前设立的内资租赁企业最低注册资本金应达到 4000 万元，2001 年 9 月 1 日至 2003 年 12 月 31 日期间设立的内资租赁企业最低注册资本金应达到 17000 万元；

（2）拥有相应的金融、贸易、法律、会计等方面的专业人员，高级管理人员应具有不少于 3 年的租赁业从业经验；

（3）近两年经营业绩良好，且具有与所从事融资租赁产品相关联的行业背景；

（4）法律法规规定的其他条件。

业务规则

融资租赁公司在向有关联生产企业采购设备时，有关设备的结算价格不得低于该生产企业向任何第三方销售的价格（或同等批量设备的价格）。

融资租赁试点企业的风险资产（含担保余额）不得超过资本总额的 10 倍。

融资租赁公司不得从事下列业务：

（1）吸收存款或变相存款；

（2）向承租人提供租赁项下的流动资金贷款和其他贷款；

（3）有价证券投资、金融机构股权投资；

（4）同业拆借业务；

（5）未经中国银行业监督管理委员会批准的其他金融业务。

普华在线洞察 SINO-BALANCE ONLINE INSIGHT

国外的企业有 20% 以上会采取融资租赁方式融资，且国外的融资租赁公司的经营范围要广得多。但是由于在中国境内融资租赁业务仅限于可标准化的设备租赁（包括飞机火车轮船等大型设备），所以融资租赁在中国的适用范围较窄。

由于资产证券化在中国的法律体系一直不完善，真正的资产证券化的业务难以展开，再加上中国政府对金融领域的监管比较严格，所以一个可以包容万象无所不租的租赁业务，在中国变成了最标准的设备租赁业务，所以通常只有拥有大型设备需求和具备资金条件的企业可以采用融资租赁进行融资，其他企业则很难通过融资租赁这个渠道达到融资目的。

很多民营企业认为融资租赁公司存在可以向银行融入不超过其注册资本金 10 倍的流动性资金，便注册融资租赁公司，但是在实际操作过程中，银行会向其进行信贷融资的融资租赁公司进行自由资本金账面资产和经营业绩进行严格的审核，融资租赁公司要合法合规运行多年，才可能逐步从银行获得超过其资本金的信贷资金，所以希望想通过设立融资租赁公司，获得购买设备资金的，往往很难达到其融资目的。

值得注意的是，2015 年 8 月 31 日，国务院办公厅以国办发［2015］68 号印发《关于加快融资租赁业发展的指导意见》。该《意见》明确指出要改革制约融资租赁发展的体制机制，支持融资租赁创新发展，支持设立专门面向中小微企业的融资租赁公司。探索发展面向个人创业者的融资租赁服务。该《意见》的出台，对于融资租赁行业以及想通过融资租赁业务进行融资的中小型企业是个福音。

05
期货公司

名词解释

期货公司是指依法设立的、接受客户委托、按照客户的指令、以自己的名义为客户进行期货交易并收取交易手续费的中介组织,其交易结果由客户承担。期货公司是交易者与期货交易所之间的桥梁。

主管机构

中国证券监督管理委员会

涉及法律法规

《期货交易管理条例》

《期货公司监督管理办法》

设立条件

根据《期货交易管理条例》和《期货公司监督管理办法》的规定,设立期货公司要满足下列要求:

(1)注册资本最低限额为人民币 3000 万元,注册资本应当是实缴资本。股东应当以货币或者期货公司经营必需的非货币财产出资,货币出资比例不得低于 85%;

(2)具有期货从业人员资格的人员不少于 15 人;

（3）具备任职资格的高级管理人员不少于 3 人；

（4）持有 5% 以上股权的股东为法人或者其他组织的，其实收资本和净资产均不低于人民币 3000 万元；净资产不低于实收资本的 50%，或有负债低于净资产的 50%，不存在对财务状况产生重大不确定影响的其他风险；

（5）持有期货公司 5% 以上股权的个人股东其个人金融资产不低于人民币 3000 万元。

（6）期货公司申请金融期货经纪业务资格，控股股东净资产或者个人金融资产不低于人民币 3000 万元；

（7）中国证监会规定的其他要求。

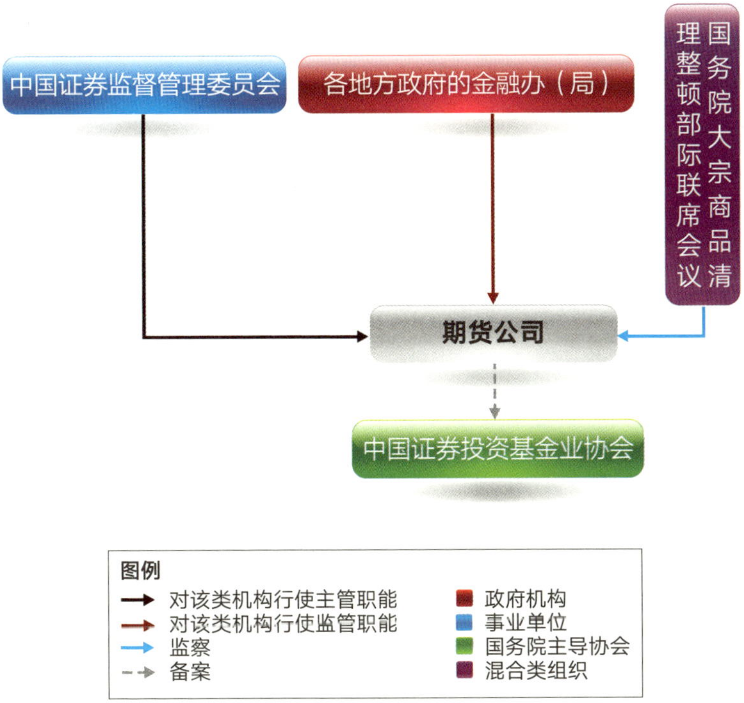

申请设立流程

申请设立期货公司，应当向中国证监会提交下列申请材料：

（1）申请书；

（2）公司章程草案；

（3）经营计划；

（4）发起人名单及其审计报告或者个人金融资产证明；

（5）拟任用高级管理人员和从业人员名单、简历和相关资格证明；

（6）拟订的期货业务制度、内部控制制度和风险管理制度文本；

（7）场地、设备、资金证明文件；

（8）律师事务所出具的法律意见书；

（9）中国证监会规定的其他申请材料。

期货公司申请金融期货经纪业务资格，除了上述材料外，还应当向中国证监会提交控股股东经具有证券、期货相关业务资格的会计师事务所审计的最近一期财务报告或者个人金融资产证明以及中国证监会规定的其他申请材料。

业务范围

期货公司业务实行许可制度，由国务院期货监督管理机构按照其商品期货、金融期货业务种类颁发许可证。经许可，期货公司可以开展的业务包括：

（1）期货经纪业务；

（2）期货投资咨询业务；

（3）资产管理业务。

期货公司除申请经营境内期货经纪业务外，还可以申请经营境外期货经纪、期货投资咨询以及国务院期货监督管理机构规定的其他期货业务。

在中国金融生态圈中，期货公司属于三级序列中的主流机构。由于中国目前只有 4 个期货交易市场，即中国金融期货交易所、上海期货交易所、郑州商品交易所和大连商品交易所，所以，在中国的金融圈里，能够拿到期货公司的牌照，意味着在市场中还是有一定的竞争力的。随着中国经济的发展，期货公司在中国的体量会越来越大，交易模式也会越来越复杂，期货公司的生存空间是越来越广的。

此外，由于期货本身具备的“零和效应”，所以在期货公司的实际操作过程中，赚钱的规则和原则，相对于股市中的赚钱的方式会简单的多，简单来说，可以总结为最有钱的人会最容易获得最多的收益。

期货不同于股票，期货交易与股市的一个最大区别是期货可以双向交易，期货可以买多也可卖空。价格上涨时可以低买高卖，价格下跌时可以高卖低补。做多可以赚钱，而做空也可以赚钱，所以说期货无熊市。除去一些偶然因素，很多时候，双方比拼的是财力，理论上，只要有足够多的钱，在期货市场上就可以稳赚不赔。

所以，期货这一行里有这样的话：如果你能够找到市场中最有钱的庄家，那你就可以永远赚钱。听起来很简单是吧？真做起来又谈何容易。很多人自认为自己找到了，认准了，结果却是错的，过度自信往往会赔得倾家荡产。

所以，期货是一个比谁钱多的市场。有信心，你就来吧。

06
投资公司

名词解释

投资公司指主要依靠投资而非生产经营获利的商业法人主体。在中国，主要是依靠将自有资本金以占有股权、经营权、合伙权、期权等方式，投资到其他法人主体换取股权、经营权等，从中获取相关收益。其典型的形式为公司，注册业务属性中会出现“投资”二字。

监管机构

没有明确的监管单位

涉及法律法规

目前法律法规体系中没有对投资公司监管的具体要求

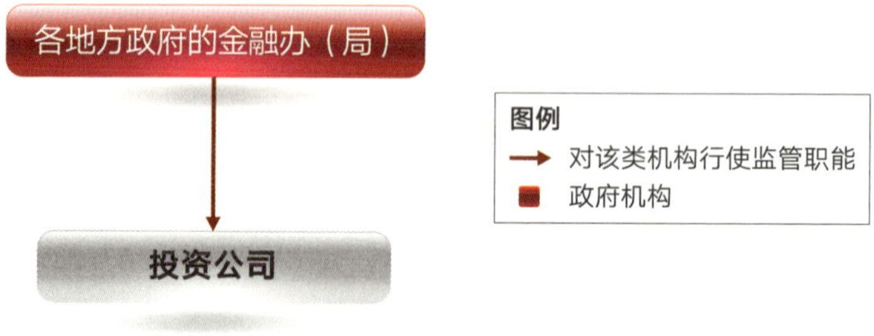

设立条件

除工商注册外，目前法律法规体系中没有对投资公司设立的门槛限制。

投资公司的分类

按照投资公司主营业务投资领域的不同，可以划分为证券类、实体类、项目类、特殊目的类、资产投资类等。

（1）证券类投资公司。主要投资于债券、股票、衍生品以及其他金融产品，依靠在通过私下或公开交易市场对上述产品进行投资购买，之后在更高的价位出售获利。

——专门投资于股票一级半市场、上市前的股权私募、增发、重组的投资等，常见的有“打新股”等。

（2）实体类投资公司。主要投资于生产经营性的企业，依靠这些企业在生产经营过程中获利，通过分红或者被投资人回购的方式进行获利退出。

——一般表现为股权类投资，下文要讲的天使投资公司、创业投资公司和风险投资公司都属于这一类。

（3）项目类投资公司。主要投资于政府或者大型企业发布的项目，由项目发布方在项目建成后一次性或分期支付汇报资金的方式收回投资。

——常见的如 BT 项目、BOT 项目、PPP 项目等模式或者保障性住房项目的投资。

（4）特殊目的投资公司。特殊目的投资是指为了满足在某些特殊需求中产生相关条件时进行的专项、特殊的短期或长期投资，根据项目的情况还决定风险控制和回报情况。

——常见的如垫资、过桥、注册垫付资本金、配资等业务。

（5）资产投资类投资公司。主要投资于购买房产、黄金等实物资产，甚至于古玩字画、翡翠钻石等，待资产升值后出售，获取相关的收益。

（6）综合类投资公司，什么都做，经营范围最广。

投资公司是金融市场中活跃度较高的群体，在中国金融生态圈中属于主流机构。大家常说的基金公司其本质就是投资公司的一种特殊表现形式，而证券投资基金则是证券类投资公司的一种衍生进化后生成的特殊表现形式。

目前大家在市面上见到的基金公司、基金管理公司、基金会、股权私募基金等都是从由于某种特定需求从特定投资方向的投资公司转化而来的，主要是对于投资的范围、投资的管理和业务进行更加精准更加细化的划分，投资业务变得更加专业了而已。

投资公司作为目前社会上融入了大量资金的群体，使用的是最原始的投资获利方式，在实际过程中，在所有投资类活动中具有最多的玩法和最灵活的操作方式。但是由于法律法规对该类民营企业的风险控制，在投资类公司中，担任股东、董事或法定代表人的自然人，将会在自己个人以及其他参与投资控股的融资中受到政策的影响。所以建议发起设立投资公司的时候，股东最好设立一家非投资类的公司，再用该公司作为投资公司的股东，这样可以避免在操作过程中受到金融政策的约束而资金受限。

国内比较著名的投资机构

07 天使投资公司（人）

名词解释

天使投资是指投资对象主要为初创企业或创业人为主的一种投资公司。天使投资公司的投资对象一般以从事高科技、通讯、环保等领域的企业为主。由于天使投资的资金量较小，有时候并不注册公司，而是直接以自然投资人的身份出现，所以也常被称为天使投资人。天使投资公司属于股权类投资公司。

监管机构

目前暂时没有明确的监管单位

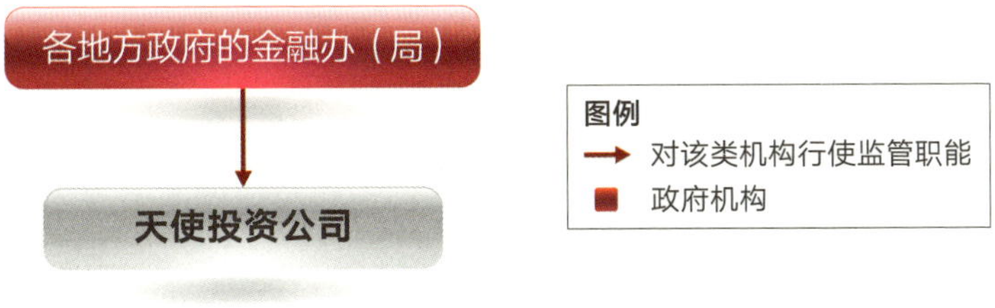

涉及法律法规

目前法律法规体系中没有对天使投资公司监管的具体要求

设立条件

除工商注册外，目前法律法规体系中没有对天使投资公司设立的门槛限制

大部分的天使投资实质上是感性投资。天使投资理论认为在复杂的社会和竞争环境中，个人能力、综合素质较高的人创立公司，其在将来的发展前途和创业项目的获利可能性要远远高于其他人，所以这类公司在实际操作中几乎不太考虑项目的运作体系和方式，对于其创业的项目本身一般并不做深入的调查、研讨和考量，天使投资公司的决策层往往是出于对创业企业的个人，也就是创业者的个人的人格魅力及其想法的肯定而决定投资。在面对天使投资机构时，创业者应该更多的表现个人自身的魅力和能力。

由于现代社会商业活动变动较大，天使投资公司是在所有投资公司中风险最大，但同时也是受益最高的公司，一旦其投资项目成功，受益往往会超过百倍。历史上也有过收益超过万倍的记录。目前在国内，天使投资的投资资金规模大多小于 100 万元。

天使投资项目大多为高科技或文化领域的项目，因为这些项目往往具有不确定性，也正是因为如此，所有才有可能获取超级高的回报率。

此外，很多地方政府都有出台过对于创业公司的优惠政策，接受了天使投资、创业投资、风险投资等机构投资的企业，会受到当地政府的扶持，或者由当地政府直接进行资金补贴。同时天使投资、创业投资、风险投资等机构在各地的注册也均可以享受到当地的政策支持。

大家往往会认为天使投资会在企业接受创投和风投的时候退出资金，其实不然。由于未来的股权会越来越值钱，所有有发展前景的企业，一旦发展的好，都会采取增资扩股的行为进行融资，而出让原有股权的行为会让新的投资人会认为原有股东对该公司信心不足。所以即使是天使投资公司，也往往会等到企业上市后或被并购后，才可能退出投资资金。所以天使资金的投入到产出会等待相当长的时间，由于高比例的失败几率，以及漫长的投资回报周期，从事天使投资的人多以博彩或甚至玩乐的轻松心态看待这种投资，这种并非一味追求投资回报的行为，在寻求投资的企业来看，简直像是天使，所以“天使投资”的说法也就出现了。

08 创业投资公司

名词解释

创业投资公司，是指通过向创业企业进行股权投资，以期所投资创业企业发育成熟或相对成熟后主要通过股权转让获得资本增值收益的企业。

创业投资公司的投资对象主要为已经具备良好商业模式或核心竞争力的企业。该类企业一般属于初创型企业，还不具备良好的现金流和足够让投资人满足的利润，但其特殊的商业模式或核心竞争力已经为其在未来的发展中创造出极其有利的条件，所以在该领域的投资风险小于天使投资，但是大于风险投资。

创业投资公司的投资对象一般以从事高科技、通讯、环保等领域的企业为主。

监管机构

各地方政府金融办（局）对其金融业务进行监管，发改委及其派出机构和各地方政府支持创业的机构对其进行备案管理和监管

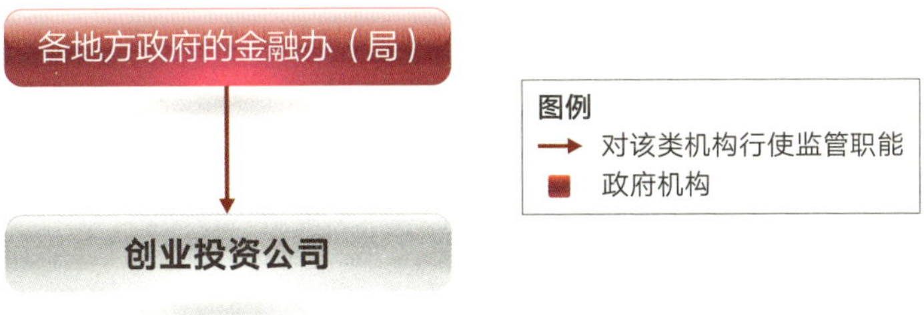

——国家对创业投资企业实行备案管理。创业投资公司的备案应当接受创业投资企业管理部门的监管，投资运作符合有关规定的可享受政策扶持。创业投资企业的备案管理部门分国务院管理部门和省级（含副省级城市）管理部门两级。国务院管理部门为国家发展和改革委员会；省级（含副省级城市）管理部门由同级人民政府确定，报国务院管理部门备案后履行相应的备案管理职责，并在创业投资企业备案管理业务上接受国务院管理部门的指导。

涉及法律法规

《创业投资企业管理暂行办法》（发改委 39 号令）

设立条件

设立创业投资公司需满足下列条件：

（1）创投企业注册，实收资本不低于 3000 万元人民币，或者首期实收资本不低于 1000 万元人民币且全体投资者承诺在注册后的 5 年内补足不低于 3000 万元人民币实收资本。

（2）股东不得超过 200 人。其中，以有限责任公司形式设立创业投资企业的，投资者人数不得超过 50 人（包括自然人和法人）。单个投资者对创业投资企业的投资不得低于 100 万元人民币。所有投资者应当以货币形式出资。

（3）需向指定管理部门备案。

创业投资企业向管理部门备案时，应当提交下列文件：

（1）公司章程等规范创业投资企业组织程序和行为的法律文件。

（2）工商登记文件与营业执照的复印件。

（3）投资者名单、承诺出资额和已缴出资额的证明。

（4）高级管理人员名单、简历。

由管理顾问机构受托其投资管理业务的，还应提交下列文件：

（1）管理顾问机构的公司章程等规范其组织程序和行为的法律文件。

（2）管理顾问机构的工商登记文件与营业执照的复印件。

（3）管理顾问机构的高级管理人员名单、简历。

（4）委托管理协议。

创业投资公司是比较正式的投资公司，其运行模式也较天使投资公司更加规范，创业投资公司的盈利目的更明确，其经营目标就是为了获取高额利润和收益回报。

创业投资公司十分重视被投资公司的商业计划书，所以一份漂亮的商业计划书就成为获取创业投资的最重要的方式和手段，创业投资公司对被投资公司的创业项目所处的行业的创业成功率以及企业的商业模式、企业内部管理机制、企业外部的市场营销体系，企业未来的财务发展和业务发展计划以及风险控制等核心竞争力进行系统的调查和评析，并形成自己独特的要求。因此创业投资的准入门槛要高于天使投资，其投资资金量也往往高于天使投资公司，但其对单一企业的投资一般会低于1000万人民币。

由于创业投资公司是中国政府支持全民创业的很重要的资金支持方式之一，所以很多境外资金，均以创业投资的名目，向国内商务部申报审批，成为外商投资企业，以便将境外资金申报进入境内。和“两高六新”企业一样，设立创业投资公司也是境外资金进入境内的实体注资的主要方式之一。

目前，全国各地的主要创业园区，均由政府主导设立了各种类型的创业投资资金，只要进入了创业园区的企业，具备真实生长发展能力的，均可以通过各种方式获取一定数量的创业投资资金。

由于创业投资企业已经属于理性的投资机构，所以所有需要资金的与创投公司在寻求融资时，必须能够承受与创投公司签署对赌协议，对赌协议的表现形式根据最高法颁布的司法文件的规定表现为众多形式。

国内大量具备良好项目的创业者由于在签署对赌协议的时候，并不明白其运行规则和相关条例，导致公司实质控制权旁落，所以创业企业在寻找创投资金进行合作的时候，一定要注意这一点。当然，考量到退出资金的过程也会很漫长，作为投资人的创业投资公司也要对退出机制进行更多的考量，要了解创业投资公司的资金退出机制，可以参见上文中天使投资的相关表述。

09
风险投资公司

名词解释

风险投资公司，是指专门通过风险基金（或风险资本）有效地投入富有盈利潜力的企业，并通过后者的上市或被并购而获取资本报酬的企业。一般是投资于经过创业投资公司投资的企业。其投资对象一定要有良好的现金流和一定的利润。

监管机构

暂无明确的监管机构

涉及法律法规

目前法律法规体系中没有对风险投资公司监管的具体要求

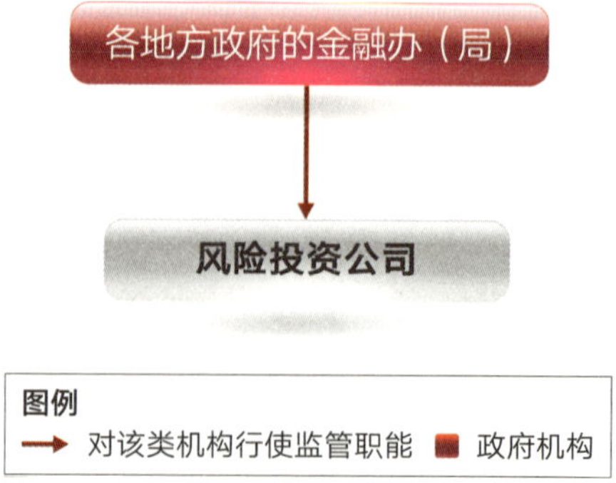

设立条件

除工商注册外，目前法律法规体系中没有对风险投资公司设立的门槛限制

普华在线洞察 SINO-BALANCE ONLINE INSIGHT

与天使投资和创业投资相比，风险投资公司在遴选投资项目的时候，需要更完善的商业计划，通常要求融资企业经过相当一段时间的生产经营，至少要在 1 年以上，并且有良好的经营业绩。风险投资的主要目的在于购买融资方的股权后，待其上市之后退出，所以往往有另一个词汇伴随着风险投资公司一起出现，就是“拟上市公司”。多数时候风险投资公司会选择这些“拟上市公司”作为投资对象，以保证资金回报率和回报周期。

大家在现有投资过程中，大多听说过所谓的“A 轮投资”、“B 轮投资”、“C 轮投资”等，很多人为“A 轮投资”就是天使投资，“B 轮投资”就是创业投资，而“C 轮投资”是风险投资，这种认识是错误的。

企业在实际融资过程中，有可能 A 轮、B 轮、C 轮均为创业投资，也可能均为风险投资，由于在投资过程中，单一投资机构在往往要承担较大的股权退出风险，所以投资机构往往寻找其他组织和团队来分担这种风险，在实际操作过程中表现为签署“一致行动人”协议。所谓“一致行动”，一般表现为某家寻找融资的企业会同时由 2 ~ 3 家风险投资公司同时进行投资，或者是在某一家投资公司投资后，第二家投资公司再跟进进行投资。这种投资节奏往往是在投资公司签署“一致行动人”协议的时候即已经进行了约定。

在风险投资过程中，投资方和被投资人的兑价是双方合作的关键问题，在此过程中，风险投资公司往往会对被投资公司进行审计和评估，其评估可分为重置法、成本法、比较法、现金流折现法等方式。投资公司根据评估出的融资企业的股权价值，对其进行兑价的资金投入，这保证了在投融资的过程中，双方之间的合作是有据可依的。而这种兑价也将直接决定未来上市后风险投资公司的获利方式。

风险投资公司在投资也就是购买融资方的股权的过程中，通常并不是按照该公司实际股权价值购买，而是在原基础上加价购买，这种情况就是溢价，按照现行法律，溢价的标准很难在法律上予以确认，所以实际操作过程中，风险投资公司通常仅将少量兑价股本金投入到被投资的企业账户中，而将更多的资金投入到被投资公司的资本公积中，然后由资本公积转增股本金。这一方式，也决定了风险投资公司在投资的第一时刻起，就和被投资企业紧密地联系在一起，很难分离，如果在上市前进行强行拆分，是难以收到期待中的收益回报的。

同样，为了保证投资的安全性和收益，风险投资公司对于投资资金都会进行严格的管控，通常在投资过程中单独为融资企业设立一个一般性银行账号，将投资资金直接打入该账号，该账号虽然属于融资方，但其资金的控制权事实上仍保留在风险投资指定的人员手中，换句话说，被投资方对该笔资金在本质上是“看得见，摸不着”的。

通过以上种种以及其他诸多完善的风险控制手段，风险投资公司得以保证其在投资活动中承担风险的同时还能获得较大的收益。

10 投资管理公司

名词解释

投资管理公司是主要为企业提供项目策划、投融资咨询、财务顾问，协助提供并购、重组、上市等风险投资活动的顾问服务的公司，主要目的是对经营机构的投资活动提供有关的管理、咨询和顾问服务，不直接参与被投资方的经营管理。

监管机构

没有明确的监管机构

涉及法律法规

目前法律法规体系中没有对投资管理公司监管的具体要求

设立条件

除工商注册外，目前法律法规体系中没有对于投资管理公司设立的门槛限制投资管理公司与后文中的投资顾问公司和投资咨询公司一样，多数时候是为了其他投资机构服务的，在中国金融生态圈中并非主流机构。投资管理公司的出现，可以追溯到 17 世纪的英国，其产生的背景是因为一些投资公司本身缺乏专业的投资咨询顾问、管理的人才，或者对公司自有的人才能力有顾虑，所以单独设立了为其投资咨询业务提供智力和专业支持的公司。

该类公司的设立目的极为单纯，就是为了在投资公司进行投资活动的时候，提供第三方的专业技术的管理建议和咨询服务，由投资人本身雇佣，对于投资公司选定的投资项目进行管理，出具专业的咨询和顾问的意见，并在过程中以第三方的身份进行全程的管理和监控。

在目前的市场活动中，投资管理公司对投资资金的管理是非常严格的，投资公司的投资资金进入到被投资的项目或企业后，一般由投资管理公司派驻一个财务总监，进入到被投企业或项目中，对资金进行具体的管理。这些人会每周对被投资公司或项目的业务流水账目情况进行审核并出具报告，每个月对企业的财务管理和经营状况进行内部的审计并出具审计报告，每三个月会从外面聘请审计公司进行外部的审计并产生审计报告，所有报告最终都会汇报给投资公司的决策机构（一般是董事会），通过这一系列动作来实现对投资公司对投资活动的管控。

投资管理公司的设立是为投资公司保驾护航的，任何一个投资行为，背后可能都会有投资管理公司的身影，所以事实上投资管理公司面对的对象，已经不局限于投资公司了，各种不同类型公司的投资行为，都会有投资管理公司的参与。

典型的案例是电影的制作。通常情况下，电影的投资方在电影方面不一定是内行，所以他们往往会聘请投资管理公司在电影的制作过程中进行管控，在剧本的撰写、演员的选择，以及拍摄过程中的实现控制等各环节，行使管理职责。

11 投资顾问公司

名词解释

投资顾问公司是在于企业生产经营、管理、财务税务、资本运营等方面进行中介服务和支持的咨询类公司。

目前中国的投资顾问公司由于业务需求,大概需要涵盖战略咨询、营销咨询、管理咨询、财务咨询、税务咨询以及投融资咨询等相关的业务职能。因此在实际过程中根据自身的专业团队和人员的配置，业务有所偏重，这一类公司完全依靠专业团队的技术能力、操作经验来获取利润,所以对其团队成员的知识范畴、能力等要求较高。

监管机构

没有明确的监管机构

涉及法律法规

目前法律法规体系中没有对投资顾问公司监管的具体要求

设立条件

目前法律法规体系中没有对于投资顾问公司设立的门槛限制

由于收取的是中介和咨询费用，投资顾问公司的盈利来源与个人在资本运营业务中实施的居间业务相比，有很多重叠和类似的地方。值得注意的是，在居间业务中，个人的居间费用会作为个人的所得税缴纳的依据，其从事居间业务得到的收入，将被直接扣除所得税；而同样的业务如果是由投资顾问公司承揽，其需要缴纳的所得税要根据投资顾问公司的所有营业收入和该年度的所有的支出来进行综合计算，假如公司账面到年底没有利润，则单一的投资顾问业务的所得税也就无需再缴纳，所以在实际运作过程中，有些人为了规避相关的缴税而成立投资顾问公司，投资顾问公司也成为个人做居间业务时做税务筹划的重要方式和手段之一。

此外，根据中国相关的法律规定，个人的商业行为如果涉及经济索赔，都要承担无限赔偿责任，而公司则只需承担有限责任。例如某个人在从事居间业务的经济活动中，因其他方发生意外情况而产生索赔的情况，那么他要承担连带的赔偿责任，其收取的居间费用要作为赔偿的一部分给索赔方。但投资顾问公司作为一种法人主体，只需承担有限责任，其承揽的咨询和居间业务，均为有限责任的业务，所以其完成了居间和咨询的业务之后，即已履行完成合同规定的义务，只要不承担担保责任，即便出现了经济纠纷，也不会影响到投资顾问公司自身的收益。

12 投资咨询公司

名词解释

投资顾问公司同样是在于企业生产经营、管理、财务税务、资本运营等方面进行中介服务和支持的咨询类公司。在涵盖了投资顾问公司的大部分业务职能之外，还承担了国家法律赋予它的相对特殊的职能，如项目评估、造价预算。其中与金融相关的最主要的一种职能就是为国家政府资金的申领提供可行性研究报告的编写。

监管机构

投资咨询公司本身没有监管机构，其从事各领域的业务要到相关行业的主管部门去申请许可，并接受该行业监管机构的监管

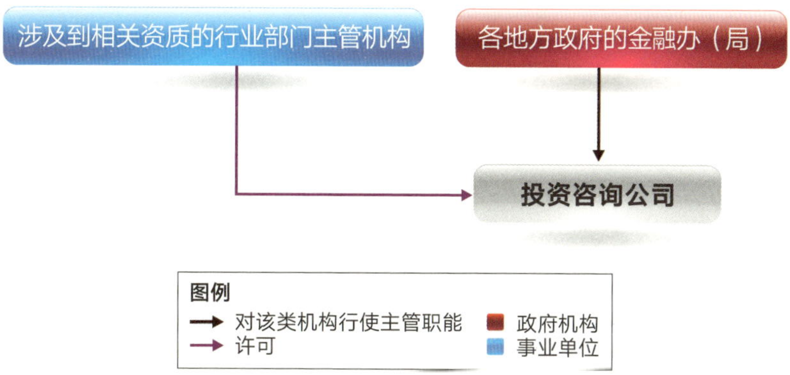

涉及法律法规

目前法律法规体系中没有对投资咨询公司监管的具体要求

设立条件

除工商管理的相关要求之外，投资咨询公司的设立并无明确条件，需要申请指定行业资质的，要按照该行业主管部门规定的条件和资质要求进行增项和注册。

普华在线洞察
SINO-BALANCE ONLINE INSIGHT

多数人在看到投资管理公司、投资顾问公司、投资咨询公司这几个名称的时候，觉得难以辨别。实际上，虽然其业务范围有重合，且都是做投资类相关的居间中介业务，但实际上在金融市场中的地位，还真有高低之分。相对来说，投资咨询公司是在中国所有做咨询服务的机构中牌子最响、后台最硬的。

我们都知道，政府每一年都会有针对各行业的资金支持，而目前在实际操作中，所有企业准备向政府申请各种类型的资金支持，都需要出具有关其自身的资质、条件、经营状况等各方面信息的认定报告，该认定报告的意义类似于会计师事务所在财务上对企业出具的审计报告，编制这个报告的过程一般称为编制可行性研究报告，也就是人们常说到的“编可研”。政府的相关部门通常都指定某个投资咨询公司来编写该报告。

与会计师事务所、律师事务所出具的相关报告相同，投资咨询为企业出具的可行性研究报告中也会附有其资质的证明，不同的是，前两者的资质一般附于报告的后半部分，而可行性研究报告则不然，投资咨询公司会将其资质放在报告的最前面，相关部门的工作人员在翻看报告的时候首先要看的就是出具报告的投资咨询公司的资质，如果该公司的资质不符合要求或者不具备竞争力，该报告通过的可能性也就不高了。从这个侧面，也可以看得出投资咨询公司在该类活动中的权威性和地位。顺便说一句，某些“国字头”的投资咨询公司，还会受政府相关部门的委托，对各地方提交的可行性报告进行审核和评定，这类机构的地位和权威性，也就无需多言了吧。

在涉及不同类型、不同领域的政府项目的资金支持时，相关部门会要求投资咨询公司出具其在该领域中应有的资质条件，这类资质条件涉及相关的级别，分为甲级资质、乙级资质等。同时，不同的主管机构认定的资质，则代表了该投资咨询公司在不同的行业、领域中能够提供各种服务的资质和能力，简单说，该资质就决定了投资咨询公司可以为哪些领域的项目提供“编可研”服务。拥有的资质越多，资质级别越高，也就证明该投资咨询公司的实力越强。

如果您的企业有争取这类资金的兴趣和想法，不妨先关注一下所处地区有哪些投资咨询公司，这些投资咨询公司又拥有哪些行业哪些领域的何种资质，找到一家实力雄厚的投资咨询公司，您已经成功一半了。

由于“编可研”需要较强的专业水准和其他相关条件，投资咨询公司会在“编可研”的过程中收取相应的费用，这笔费用视情况而定，如果资金数量大，费用自然不菲，所以投资咨询公司的盈利能力，在市场上要远强于普通的投资顾问公司。

当然，如果您有相关机构的从业背景和专业知识，又拥有大量的资源和人脉，您不妨自己开设投资咨询公司，在金融领域里，这可是一个能踏踏实实赚到钱的营生。如果您做的足够好足够强，成为顶级的投资咨询公司，您还可以和有关机构合作，组织专家顾问团队，为政府报告编写工作提供智力支持，为某一行业或专业编写 5 年发展规划，为该行业和专业的未来 5 年发展确立政策实施细则，成为订立基调的行业领军人。

13 财富管理公司

名词解释

财富管理公司是以财富管理为主营业务的公司。财富管理是指以客户为中心，设计出一套全面的财务规划，通过向客户提供现金、信用、保险、投资组合等一系列的金融服务，将客户的资产、负债、流动性进行管理，以满足客户不同阶段的财务需求，帮助客户达到降低风险、实现财富增值的目的。

财富管理公司的收入来源主要是作为资金平台，赚取的收益主要是债权人和债务人或投资人和被投资人之间的佣金和中介费用。

监管机构

财富管理公司本身没有明确的监管机构，但是其从事相关领域的业务要到相关行业的主管部门去申请许可并接受相关部门的监管

涉及法律法规

目前法律法规体系中没有对财富管理公司监管的具体要求

设立条件

除工商管理的相关要求之外，财富管理公司的设立并无明确条件，需要申请指定行业资质的，要按照该行业主管部门规定的条件和资质要求进行增项和注册。

业务范围

财富管理公司的业务范围包括现金储蓄及管理、债务管理、个人风险管理、保险计划、投资组合管理、退休计划及遗产安排等。

普华在线洞察
SINO-BALANCE ONLINE INSIGHT

目前在国内，任何一个企业向社会公众融资，不管是通过股权还是债券等任何方式，将所融资金用于另外的投资或者放贷来获利，均有非法集资的嫌疑，而财富管理公司则采取了一种合法的方式。

财富管理公司在业务的开展过程中，会与客户签署协议，在协议允许的范围内，财富管理公司可以公开收取所有客户名下的银行卡或网银的账户，客户将账户和密码交付给财富管理公司托管，财富管理公司在遇到合适的项目时，可以将客户名下的资产直接用于投资活动。在这个过程中，财富管理公司并没有将客户的资金汇集到自己的账户中，未形成资金池，也就是说名义上资金仍归客户自己所有，实际上资金的流动过程中财富管理公司并未真正触碰到客户的钱，所以这在目前的法律上是属于合法的行为。因此，财富管理公司成为很多企业变相搭建资金桥梁投资的一种方式

由于目前国内财富管理领域经营的多样化，以及缺乏专业化的区分，很多财富管理公司同时也在经营着第三方理财公司的业务，这也是我们接下来要讲的话题。

14 第三方理财公司

名词解释

第三方理财公司是指以第三方理财为主营业务的公司，第三方理财是指主要依靠向客户提供财务规划、报表、资讯等信息，帮助客户分析自身财务状况和理财需求，提供投资理财的渠道，最终实现投资理财获利。

第三方理财公司的收益主要来源于向客户收取的会员费，他们为客户搭建信息平台，提供资讯指引，但并不具体帮助客户进行理财的操作。

监管机构

第三方理财公司本身没有明确的监管机构

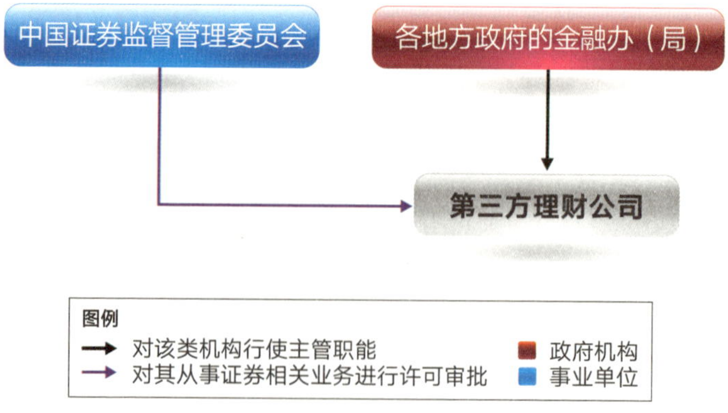

涉及法律法规

目前法律法规体系中没有对第三方理财公司监管的具体要求

设立条件

除工商管理的相关要求之外，第三方理财公司的设立并无明确条件，需要申请指定行业资质的，要按照该行业主管部门规定的条件和资质要求进行增项和注册。

普华在线洞察 SINO-BALANCE ONLINE INSIGHT

第三方理财公司在中国金融体系中可以列到三级序列。目前国内的第三方理财公司在实际操作过程中，通常只是作为单纯提供信息来获利的机构出现。第三方理财公司通常拥有一定数量的专业人员，熟悉市场中业务发展的情况，对投资理财有这专业清晰的理解。

第三方理财公司为其客户即服务对象提供大量的资讯和专业的分析判断，引导客户进行投资理财活动，通过收取资讯费用的方式来获取相关利益，往往表现为会员费。

第三方理财公司如果向客户提供证券市场的相关信息，需要到证监会指定机构备案，取得相应的认可。

同样，由于目前国内财富管理领域经营的多样化，以及缺乏专业化的区分，很多第三方理财公司事实上也在经营着财富管理公司的业务。

15 基金管理公司

名词解释

基金管理公司在中国是指依据有关法律法规设立的对证券投资基金的募集、基金份额的申购和赎回、基金财产的投资、收益分配等基金运作活动进行管理的公司。此处所说的基金专指证券投资类基金，也就是我们最常说的基金。根据相关法律的规定，在中国，证券投资基金的管理人员由依法设立的基金管理公司担任。证券投资基金要报证监会备案注册。

按照其募集资金的方式，证券投资基金又分为公开募集基金和非公开募集资金（私下募集基金），公开募集基金可以向大众募集资金，而非公开募集资金则只能向指定人群进行私下的募集。

按照基金的运作方式，证券投资基金又可以采用封闭式、开放式或者其他方式。采用封闭式运作方式的基金称作封闭式基金，是指基金份额总额在基金合同期限内固定不变，基金份额持有人不得申请赎回的基金；采用开放式运作方式的基金成为开放式基金，是指基金份额总额不固定，基金份额可以在基金合同约定的时间和场所申购或者赎回的基金。

监管机构

中国证券监督管理委员会

中国证券投资基金业协会

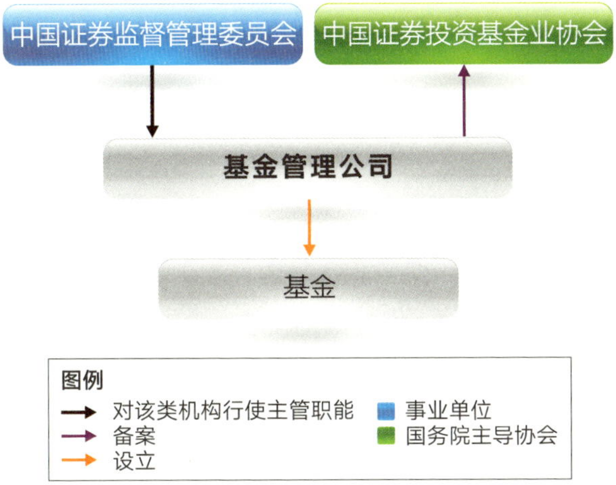

涉及相关法律法规

《证券投资基金法》

《证券投资基金管理公司管理办法》

设立条件

设立基金管理公司，应当具备下列条件：

（1）注册资本不低于1亿元人民币，且股东必须以货币资金实缴，境外股东应当以可自由兑换货币出资；

（2）有符合法律、行政法规和中国证监会规定的拟任高级管理人员以及从事研究、投资、估值、营销等业务的人员，拟任高级管理人员、业务人员不少于15人，并应当取得基金从业资格；

（3）有符合中国证监会规定的监察稽核、风险控制等内部监控制度；

（4）中国证监会规定的其他条件。

申请设立基金管理公司，出资或者持有股份占基金管理公司注册资本的比例（以下简称持股比例）在5%以上的股东，应当具备下列条件：

（1）注册资本、净资产不低于1亿元人民币，资产质量良好；

（2）持续经营3个以上完整的会计年度，公司治理健全，内部监控制度完善；

（3）最近3年没有因违法违规行为受到行政处罚或者刑事处罚；

（4）没有挪用客户资产等损害客户利益的行为；

（5）没有因违法违规行为正在被监管机构调查，或者正处于整改期间；

（6）具有良好的社会信誉，最近3年在金融监管、税务、工商等行政机关，以及自律管理、商业银行等机构无不良记录。

持有基金管理公司股权比例最高且不低于25%的股东还应当具备下列条件：

（1）从事证券经营、证券投资咨询、信托资产管理或者其他金融资产管理业务；

（2）注册资本不低于3亿元人民币；

（3）具有较好的经营业绩，资产质量良好。

业务范围与职责

基金管理公司的主要业务是发起设立投资于证券市场的公募或者私募基金。此外还会接受其他股权投资委托从事证券业务以及非证券业务的投资管理、咨询。

发起设立证券投资基金时，基金管理公司应当履行下列职责：

（1）依法募集资金，办理基金份额的发售和登记事宜；

（2）办理基金备案手续；

（3）对所管理的不同基金财产分别管理、分别记账，进行证券投资；

（4）按照基金合同的约定确定基金收益分配方案，及时向基金份额持有人分配收益；

（5）进行基金会计核算并编制基金财务会计报告；

（6）编制中期和年度基金报告；

（7）计算并公告基金资产净值，确定基金份额申购、赎回价格；

（8）办理与基金财产管理业务活动有关的信息披露事项；

（9）按照规定召集基金份额持有人大会；

（10）保存基金财产管理业务活动的记录、账册、报表和其他相关资料；

（11）以基金管理人名义，代表基金份额持有人利益行使诉讼权利或者实施其他法律行为；

（12）国务院证券监督管理机构规定的其他职责。

基金管理公司及其董事、监事、高级管理人员和其他从业人员不得有下列行为：

（1）将其固有财产或者他人财产混同于基金财产从事证券投资；

（2）不公平地对待其管理的不同基金财产；

（3）利用基金财产或者职务之便为基金份额持有人以外的人牟取利益；

（4）向基金份额持有人违规承诺收益或者承担损失；

（5）侵占、挪用基金财产；

（6）泄露因职务便利获取的未公开信息、利用该信息从事或者明示、暗示他人从事相关的交易活动；

（7）玩忽职守，不按照规定履行职责；

（8）法律、行政法规和国务院证券监督管理机构规定禁止的其他行为。

基金的投资范畴

基金管理公司运用基金财产进行证券投资，除国务院证券监督管理机构另有规定外，应当采用资产组合的方式。基金财产应当用于下列投资：

（1）上市交易的股票、债券；

（2）国务院证券监督管理机构规定的其他证券及其衍生品种。

基金财产不得用于下列投资或者活动：

（1）承销证券；

（2）违反规定向他人贷款或者提供担保；

（3）从事承担无限责任的投资；

（4）买卖其他基金份额，但是国务院证券监督管理机构另有规定的除外；

（5）向基金管理人、基金托管人出资；

（6）从事内幕交易、操纵证券交易价格及其他不正当的证券交易活动；

（7）法律、行政法规和国务院证券监督管理机构规定禁止的其他活动。

基金管理公司、股权私募基金和证券投资基金都是近些年金融圈比较火的词汇，这些机构目前都是中国金融生态圈中的重要角色。前文中我们已经讲了普通投资基金与证券投资基金的区别，而在日常工作中，大家还经常将基金会、基金公司、基金管理公司、股权私募基金的概念混淆，现在我们就来讲讲这几种机构的区别。

在实际操作过程中，基金一般由 3 种不同的法律主体来运营：

第一种是非商业法人主体，该类基金大多用于公益或慈善用途，往往是以基金会或基金会下属基金的名称出现，如红十字基金会等，这就是我们常说的基金会，一般是在民政部门注册。

第二种是商业非法人主体性质的基金，大多以有限合伙形式存在，常见的有股权私募基金。

第三种是商业法人主体，例如上一词条所讲的基金公司和本词条所讲的基金管理公司。

基金会管理的基金，是广义上的基金，其用途是通常是非盈利性的，用于慈善或公益事业，基金会与其他商业主体和机构有本质的区别，很容易区分，此处不再赘述。

容易混淆的是后三种，即基金公司、基金管理公司和股权私募基金。下面我试着从机构表现形式、基金募集方式、基金投资方向、基金财产运用、法律责任承担和获益权等几个方面来对其进行区分：

（1）机构表现形式。

股权私募基金一般以有限合伙企业的形式出现，不是公司。

基金公司和基金管理公司，可以是公司，也可以是有限合伙企业。

（2）基金募集方式。

股权私募基金和基金公司是通过私下募集的方式募集资金。

基金管理公司募集资金可以通过公开募集方式，也可以通过非公开募集方式。

（3）基金投资方向。

股权私募基金和基金公司募集的基金可以用于投资于实体，可以投资于契约，也可以投资于证券市场。

基金管理公司管理的基金则只限于投资于证券市场。

（4）基金财产运用。

基金公司和股权私募基金管理的基金财产，是其通过合法的形式自行募集的，因此拥有对该基金财产的所有权和使用权，可以自由调配基金的投资方向和用途。

基金管理公司管理的基金属于证券投资类基金，只拥有管理权，所有权属于基金份额持有人，资金由托管人托管。在发起基金之前就要在基金合同中注明投资方向和用途以及盈利模式等，在基金合同期限内，不能擅自改变基金的投资方向和用途。

（5）获益权。

基金公司和股权私募基金依法享有运用该基金投资而获得的收益。

基金管理公司管理的基金其获益权属于基金份额持有人，基金管理公司只收取管理费用。

（6）法律责任承担。

基金公司依照其设立形式对基金运用可能产生的赔偿责任承担有限责任或无限责任。

股权私募基金由于其有限合伙企业的形式，要承担无限赔偿责任。

基金管理公司对其管理的基金在投资经营过程中产生的赔偿不承担责任，赔偿责任由基金承担。

在实际操作过程中，基金管理公司可能会接受基金公司或者私募基金的委托，协助其对基金进行管理，有些基金管理公司还会发起私募基金，当然以上指的都是投资于非证券市场的基金。同时，也有的私募基金在募集了资本金之后又成立了基金管理公司。

在中国的金融市场中，搞清楚基金、基金会、基金公司、基金管理公司、股权私募基金这几个概念，绝对是一件很有必要的事情。

16 股权私募基金（私募股权基金）

名词解释

股权私募基金，也称私募股权基金，是按照有限合伙的形式成立的一种专门依靠投资获利的商业非法人机构，有时也被称为有限合伙企业。

监管机构

我国对股权私募基金并无统一的监管者和监管标准，而由相关部门分头监管。在各地要接受地方政府金融办的监管。

涉及法律法规

《合伙企业法》

《私募股权众筹融资管理办法（试行）》（征求意见稿）

组织架构

股权私募基金的组织构架与一般的有限责任公司不同，在其组织构架中承担一般有限责任公司股东地位的人，名义上由另一个词汇代替，叫合伙人。合伙人按照在股权私募基金之中的责任权利和利益，以及行使的职责进行划分，其中承担投资项目寻找、投资项目确认等重大责任的合伙人，被称为普通合伙人，也叫发起合伙人或一般合伙人，英文简称 GP；而认可发起或股东合伙人寻找的项目，投入资金共同支持发起人寻找项目最终获利分账的合伙人，统称为有限合伙人，英文简称 LP。

普通合伙人与有限合伙人享有不同的权利，承担区别的责任。在有限合伙制企业内，由普通合伙人执行合伙事务，有限合伙人不参与合伙企业的经营；有限合伙人以其认缴的出资额为限对合伙企业债务承担责任，普通合伙人对合伙企业的债务承担无限连带责任。发起合伙人承担有限责任，在实际操作过程中，大部分的私募基金发起人为了规避法律上的无限责任，均以有限责任公司作为发起合伙人。

股权私募基金其作为基金的一种，投资是其唯一获利的方式、途径，并不做生产经营行为，所以在运行中，行使类似董事会职责的部门称为投资决策委员会，简称投决会，投决会委员由所有合伙人形成的合伙人大会选举产生。

股权私募基金由于其为有限合伙企业，不存在法定代表人，但需要有人承担法定代表人的职责，该机构或人名称为执行事务合伙人或执行合伙人。

上述组织架构就构成了股权私募基金的运行管理体系。

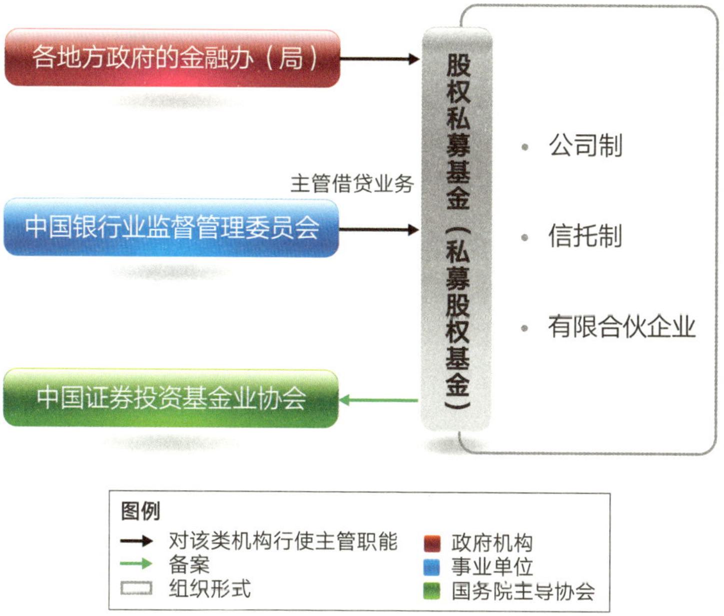

设立的条件

根据相关法律法规的要求，设立股权私募基金需要符合下列要求：

（1）有限合伙企业由二个以上五十个以下合伙人设立；法律另有规定的除外。

——合伙人可以是自然人也可以是法人。

（2）有限合伙企业至少应当有一个普通合伙人。

（3）有限合伙人可以在所有合伙人同意的前提下，用货币、实物、知识产权、土地使用权或者其他财产权利作价出资。有限合伙人不得以劳务出资。

（4）有限合伙企业由普通合伙人执行合伙事务。执行事务合伙人可以要求在合伙协议中确定执行事务的报酬及报酬提取方式。

（6）有限合伙人不执行合伙事务，不得对外代表有限合伙企业。

——按照市场行规，大部分约定，普通合伙人（GP）的投入资金不少于整体基金数额的1%，而有限合伙人（LP）的投入资金不多于整体基金数额的99%，当然在实际过程中，发起合伙人的入资比例越大，有限合伙人的入资信心就越足。

值得注意的是，按照法律的规定，股权私募基金投资于证券领域，需要到证券投资基金业协会备案，未备案的不得从事证券行业，同时，对于该种私募基金，法律上对有限合伙人的入资额度有规定，自然人不得低于1000万，法人不得低于3000万。

股权私募基金其实很早就出现了，但是由于其自身的商业非法人的属性，在国内一直没有得到金融圈的重视，直到 2006 年《合伙企业法》颁布之后，股权私募基金才逐渐得到认可。自此，股权私募基金与基金公司、基金会、基金、基金管理公司一起共同构成了中国基金投资的完整体系，改善了过去投资过程中没有商业非法人主体存在的局面。

股权私募基金采用有限合伙制形式，可以有效的避免双重征税，相较于基金公司、基金会等，不需要缴纳企业收入所得税，理论上可以减少运营成本；而通过合理的激励及约束措施，可以保证在所有权和经营权分离的情形下，经营者与所有者利益的一致，促进普通合伙人和有限合伙人的分工与协作，使各自的所长和优势得以充分发挥；此外有限合伙制的股权私募基金还具有设立门槛低，设立程序简便，内部治理结构精简灵活，决策程序高效，利益分配机制灵活等特点。以上种种特点保证了投资者入资与退出的方式和途径更灵活，管理更方便，得到了金融圈的认可和追捧，在国内发展迅速。

由于股权私募基金这个名称中的“基金”的字眼，很多人会将其与基金、基金会、基金公司和基金管理公司等概念混淆，尤其是经常将股权私募基金与基金管理公司放到一起说。实际上，股权私募基金在国内作为和基金会、基金公司、基金管理公司并存的一种形式，具有极其典型的商业非法人特性，在实际运行过程中与其他几种形式截然不同。目前社会上以基金管理公司作为股权私募基金的管理公司的方式，其实在认知上有严重的谬误。基金管理公司是与基金一起出现的，基金本身并不是标准的法人主体，不具备法人地位也没有组织结构，其作为投资资金包，需要有人代行管理，而基金管理公司就是行使这一职能的机构，其履行的职能类似于一般有限责任公司中的董事会，所以目前的基金不论是公募还是私募，均需要由基金管理公司设立并发行。但股权私募基金则有本质上的不同，其具有完整的法人主体特性，其投资决策委员会实际上已经承担了类似基金管理公司在基金的管理中承担的职能，所以目前成立股权私募基金与基金管理公司在法律上没有任何的关联。可能与其产生关联的，是投资管理公司。

由于股权私募基金作为通过投资获利的基金，对专业项目的识别、投资风险的控制等技术条件要求严格，所以在投资决策委员会不能承担专业技术支持的情况下，股权私募基金一般会从外界聘请第三方，来对投资基金的投资行为进行顾问和咨询，该机构即投资管理公司。投资管理公司的职能是专业顾问和咨询，因此股权私募基金每一年都会向其支付报酬也即管理费，一般是2%左右。

此外，股权私募金作为专业性的投资机构，为了向所有的投资人表明，其所有的投资全部被用于项目投资中，所以除第三方管理机构外，对该笔资金的运行和监管，还将由银行共同参与，所以在股权私募基金的实际运营过程中，参与基金开户以及参与共同对基金账户监管的银行即成为托管银行。

股权私募基金在实际的运作过程中，依靠普通合伙人或发起合伙人对项目的寻找和判断能力，投资管理公司的管理和操控能力，以及有限合伙人的资金能力，需要各方共同发挥各方的资源优势，需要合作，达成投资项目的收益回报。由于在实际运行过程中，大部分的投资人都希望能够在尽量短的时间内拿到回报，所以所有的有限合伙企业即股权私募基金在设立的时候即标明自己存在的时间，形式往往为或N+M，其中N为其标准存在年限，M为其到达标准年限后由合伙人大会共同决定是否延续的年限。

如果企业使用股权私募基金仅仅用于投资到自己认为未来发展良好的项目，除在工商注册外，不需要到其他部门做报备审核。股权私募基金是企业为自己指定的项目募集资金的超级便利的形式。

国内比较著名的股权私募基金机构

普华汇金

PU HUA HUI JIN

深圳普华汇金资产管理有限公司

深圳普华汇金资产管理有限公司（简称“普华汇金”）是一家专注于股权投资及管理的专业金融服务公司，公司核心业务包括产业整合并购重组、权益类投资、策略性投资、定制化投资、海外资产配置、定制化金融解决方案等，是中国独具特色的企业金融全产业链解决方案的提供商。

www.phhj-inv.com

17 证券经纪公司

名词解释

证券经纪公司在我国是指只能从事单一的经纪业务的证券公司。它是我国依据分类管理的原则划分的证券公司的一种形式。也称经纪类证券公司。

监管机构

中国证券业监督管理委员会

涉及法律法规

《证券法》

《证券公司监督管理条例》

《证券公司风险处置条例》

业务范围

证券经纪业务就是在各地开设机构，提供大家买卖销售各种证券，可以从事下列业务：

（1）证券的代理买卖；

（2）代理证券的还本付息、分红派息；

（3）证券代保管、鉴证；

（4）代理登记开户。

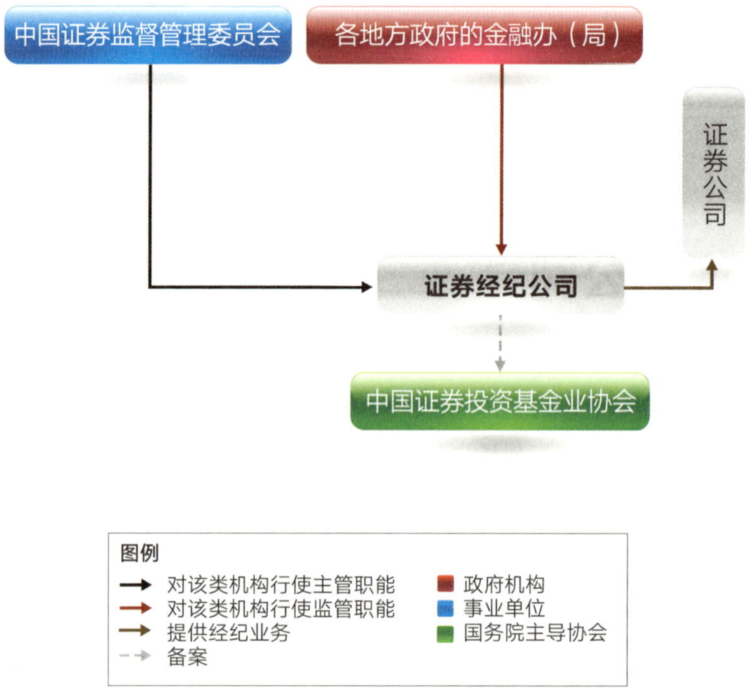

设立条件

根据证券法规定，设立证券经纪公司应具备的条件：

（1）证券经纪公司注册资本最低限额为人民币5000万元。经纪类证券公司一般资本实力较弱，业务规模较小。

（2）证券经纪公司的主要管理人员和业务人员必须具有证券从业资格。

（3）证券经纪公司必须要有固定的经营场所和合格的交易设施。这是从事证券经纪业务所必不可少的基础设施。

（4）证券经纪公司要有健全的管理制度。

证券经纪公司在中国金融生态圈中是比较边缘化的机构。后文中的几种准金融机构也都属于这一类。证券经纪公司是一种主要销售证券市场的开户资格来获取收益的公司，搭建的是客户和证券交易所之间的桥梁，所以其从业人员需要有很强的责任感和使命感，和房产经纪人、保险经纪人等相关行业的从业人员一样，需要坚忍不拔的意志去开展业务，获取更高的收入。

但是随着互联网的发展，在网上开户的人越来越多，证券市场的买卖交割越来越不依赖固定场所。网络上证券交易的软件层出不穷，可以为客户提供有专家智力资源作为后台支撑的线上顾问咨询，越来越多的人选择在网上通过软件自行买卖股票或其他证券。与其他很多实体店和固定场所的商场一样，在互联网的冲击下，昔日人头攒动、熙来攘往的证券经纪交易大厅，如今已逐渐变得冷清。线下交易的冷淡，使得如今依赖固定营业场所的证券经纪公司已经失去了当年存在的意义和价值。如果不向互联网模式转型，证券经纪公司未来的走向并不明朗。

18
期货经纪公司

名词解释

期货经纪公司是指依法设立的、接受客户委托、按照客户的指令、以自己的名义为客户进行期货交易并收取交易手续费的中介组织。期货经纪公司至少应该成为一家期货交易所的会员。

按照中国证监会的规定，期货经纪公司不能从事自营业务，只能为客户进行代理买卖期货合约、办理结算和交割手续；对客户账户进行管理，控制客户交易风险；为客户提供期货市场信息，进行期货交易咨询，充当客户的交易顾问等。

主管单位

中国证券监督管理委员会

涉及法律法规

《期货交易管理条例》

注册条件

根据国务院有关规定，我国对期货经纪公司实行许可证制度，凡从事期货代理的机构必须经中国证监会严格审核并领取《期货经纪业务许可证》。目前，获得期货代理业务资格的期货经纪公司必须符合下列条件：

（1）注册资本在人民币 3000 万元以上，必须是实注资本。

（2）中国证监会规定的其他要求。

业务范围

作为交易者与期货交易所之间的桥梁，期货经纪公司的业务范围包括：

（1）根据客户指令代理买卖期货合约、办理结算和交割手续。

（2）对客户账户进行管理，控制客户交易风险。

（3）为客户提供期货市场信息，进行期货交易咨询，充当客户的交易顾问。

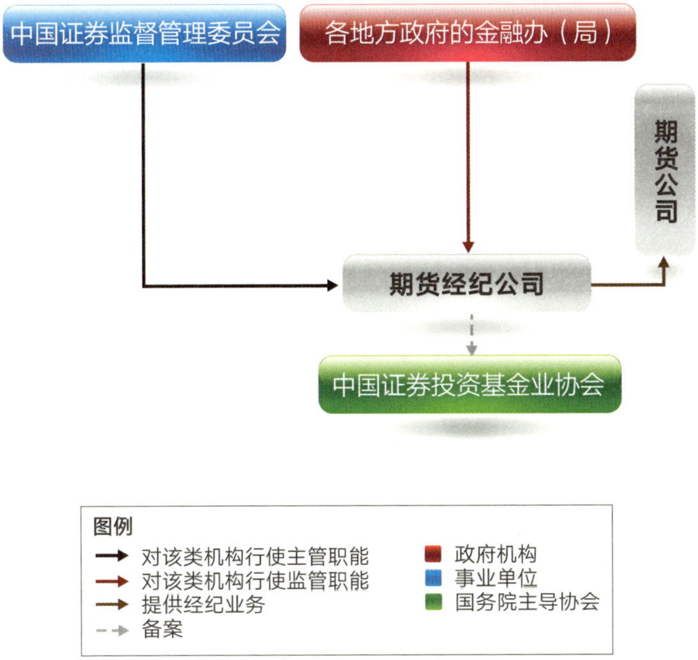

期货经纪公司，主要依靠拉拢更多的客户在期货公司或期货交易所开户，本质上也是以销售为主营业务的公司。在中国，凡是带“经纪”字眼的公司，我们均可以理解成“拉客”公司，这类企业雇佣大量的销售人员，强大的市场能力是其生存的最大保障，也是决定其市场地位的标尺。

随着金融行业的发展越来越成熟，我们会发现，很多销售能力较强的公司，会逐步转化为多种金融渠道的公司，该种公司不仅可能协助期货公司进行期货经纪业务，还可以做保险经纪业务，做理财经纪业务，甚至帮助股权私募基金招募投资人。

所以，某种角度上说，这类公司与有钱的客户之间形成的纽带越多，纽带关系越紧密，其能经营的金融类产品也就越多，盈利的能力也就越强。

19 保险经纪公司

名词解释

保险经纪公司是指依照《保险法》等有关法律，行政法规以及《保险经纪公司管理规定》，经中国保险监督管理委员会批准设立的经营保险经纪业务的单位。经营保险经纪业务，应当是依照规定设立的保险经纪公司。保险经纪公司针对客户的特定需求，运用自身的专业优势，为客户提供专业的保险计划和风险管理方案。在同客户签订委托协议后，由保险经纪公司组织市场询价或招投标，选择综合承保条件最优越的保险公司作为承保公司。在与保险公司的谈判中维护客户的利益，争取对客户的最大优惠。

监管机构

中国保险监督管理委员会

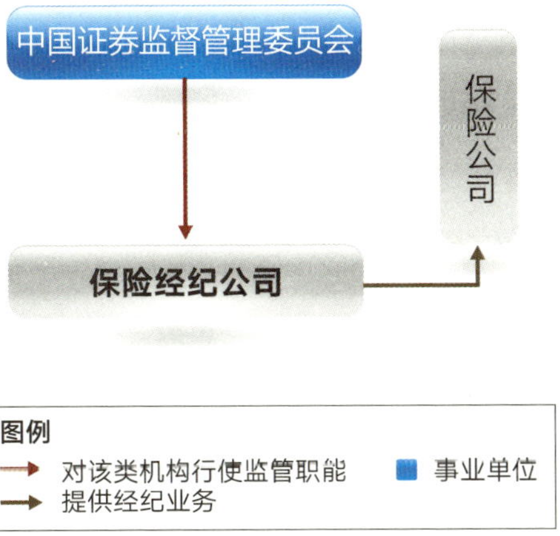

涉及法律法规

《保险法》

《保险经纪机构监管规定》（保监会令2004第15号）

设立条件

保险经纪公司设立条件包括：

（1）在中华人民共和国境内设立保险经纪机构，应当符合中国保险监督管理委员会（以下简称保监会）规定的资格条件，取得经营保险经纪业务许可证；

（2）设立保险经纪公司，其股东、发起人信誉良好，最近3年无重大违法记录；

（3）注册资本的最低限额为人民币5000万元，必须为实缴货币资本。

（4）依据法律、行政法规规定不能投资企业的单位或者个人，不得成为保险经纪公司的发起人或者股东；

（5）申请设立保险经纪公司，全体股东、全体发起人应当指定代表或者共同委托代理人，向中国保监会办理申请事宜；

（6）法律、行政法规和保监会规定的其他条件。

业务范围

根据保险经纪人管理规定，经保监会批准，保险经纪公司可以经营下列全部或部分业务：

（1）为投保人拟订投保方案、选择保险公司以及办理投保手续；

（2）协助被保险人或者受益人进行索赔；

（3）再保险经纪业务；

（4）为委托人提供防灾、防损或者风险评估、风险管理咨询服务；

（5）保监会批准的其他业务。

保险经纪公司的从业人员是一群能力强大的销售人员，他们的销售能力在各行业中的销售人员中是数一数二的，由于其销售环境较“恶劣”且推销难度较大，造就了该人群超强的销售业务能力，使其成为销售人群中的“战斗精英”。如果您的公司急需一批高水平的销售人员，也可以考虑去保险经纪公司挖墙角，如果可以将他们整个团队挖过来，对您的公司一定是莫大的帮助。

大量的需要募集资金的金融或准金融机构，都希望和保险经纪公司打好关系，因为保险经纪人员手里掌握了大量金主和富豪的信息，和保险经纪公司搞好关系，意味着可以从他们手里找到好的融资资源，同时，与富豪保持良好关系的保险经纪人员，也成为了富豪与寻找投资的企业和机构之间的桥梁，保险经纪公司已成为向民间吸收大量资金的聚宝盆。很多看到这一商机的保险经纪公司的老板，则直接利用公司资源转型或注册基金公司或投资公司到市场上吸金，变身为另一类金融机构。

20 市值管理公司

名词解释

市值管理公司是主要从事市值管理的公司。市值管理是上市公司基于公司市值信号，综合运用多种科学、合规的价值经营方式和手段，以达到公司价值创造最大化、价值实现最优化的一种战略管理行为。其中价值创造是市值管理的基础，价值经营是市值管理关键，价值实现是市值管理的目的。

监管机构

市值管理公司没有明确的监管机构

涉及法律法规

目前法律法规体系中没有对市值公司监管的具体要求

设立条件

除工商管理的相关要求之外，市值管理公司的设立并无明确条件

市值的意义

市值是指一家上市公司的发行股份按市场价格计算出来的股票总价值，其计算方法为每股股票的市场价格乘以发行总股数。

对于上市公司来说，市值具有重要的意义：

（1）市值是衡量上市公司实力大小的标准。

在全流通市场环境里，市值代表市场对公司价值做出的公允价格。市值大小充分折射出企业经营的相关信息，体现企业的盈利能力、成长潜力、行业地位，管理水平、团队素质和品牌形象等，反映了企业的综合素质。放眼国际，成熟市场上，市值是衡量上市公司实力大小的重要标杆。

（2）市值考核经理层绩效好坏。

以往上市公司对管理团队的考核主要集中在盈利业绩上，集中在净资产增值上。全流通时代，对管理层绩效考核优化，将市值管理纳入考核指标的市场环境也逐步成熟。

（3）市值决定上市公司收购与反收购能力的强弱。

随着市场化程度的提高，股票支付功能进一步增强，市值规模越大的公司客观上并购其他公司、进行产业整合的能力就越强，被别的公司并购的门槛越高，同时，反向收购的能力就越强。

（4）市值决定上市公司融资成本的高低。

市值管理是衡量上市公司最重要的标准，是衡量上市公司和投资者关系的重要依据。

2014 年 5 月 9 日，国务院颁布《关于进一步促进资本市场健康发展的若干意见》，明确提出“鼓励上市公司建立市值管理制度”。中国上市公司市值管理进入到全新的规范化和制度化阶段。

市值管理即价值创造、价值经营和价值实现。市值管理就是要使上市公司的股票价值最大化、价值实现最优化，最终实现股东价值最大化。

做企业需要了解，从您的公司上市那一刻起，您公司的股价就不完全掌握在公司手中了，在股票交易市场中，股价会受到各种因素的影响。一旦某上市公司的股价波动较大、较频繁，会导致投资人对公司经营产生质疑，从而导致撤资，反过来继续影响股价的下跌。

理论上，每家上市公司都应该做市值管理，公司的市值越高，融资能力越强，反之则代表融资能力较弱。由于上市公司股票的价值在股市中可以被引导和影响，为了保证上市公司市值的稳定，市值管理公司将动用其专业团队和市场资源的控制能力，对一家上市公司的股票价值进行管理。

影响上市公司股票的因素分为基础面、消息面和技术面三类，所以市值管理公司对上市公司的市值管理也将按三种形式进行，在保证其基础面没有重大纰漏、技术面走势良好、消息面稳定、信息公开透明的前提下，市值管理公司还要与拥有上市公司流通股的前十大股东保持极其良好的关系，以便在上市公司股市价值出现波动的时候，对上市公司的市值稳定行使最大化的作用和影响。

为了达到上述目的，市值管理公司需要有很强的业务能力，要具备充足的资金储备，要和所有的媒体保持极其良好的关系，还需要大量的政策资源和市场资源，这就决定了真正可以做市值管理的公司并不多。同时由于国内上市公司对于市值管理的重视程度也不够，所以目前国内市值管理发展的并不好，做市值管理的公司并不多。

关于市值管理，有兴趣的读者可以去了解一下 2007 年杭州某公司与安哥拉政府相关事件的案例，该案件号称当年证监会第一大案。

21
财经公关公司

名词解释

财经公关公司是专门从事财经公关的公司，是以财经类企业为对象的公关公司。所谓财经公关，是指企业为了寻求和维护其在资本市场投资者和那些对投资者有重要影响的人士心目中特定形象和价值定位，而开展的一系列设计展示、解释和沟通等公关推广活动，从而增强投资者持股信心，使其股票价格和公司真实价值相匹配。

监管机构

财经公关公司没有明确的监管机构

涉及法律法规

目前法律法规体系中没有对财经公关公司监管的具体要求

设立条件

除工商管理的相关要求之外，财经公关公司的设立并无明确条件

业务范围

（1）拟上市财经公关业务。也称为 IPO 财经公关，即为企业在首次股票发

行工作中提供相应财经公关支持。对于即将进入资本市场的拟上市公司，财经公关为其提炼最核心的价值,并应对市场偏好做出有效梳理,制作各种推介资料。

（2）专项财经公关。依靠资本运作，打通投、融资渠道，妥善应对公司重大经营事件，是上市公司实现跨越发展的保证。

（3）长期投资者关系管理。长期投资者关系管理即为上市公司提供常年度维护资本市场形象、维系投资者特别是主要投资者（持有大额股票的持股者）关系的服务。

（4）媒体关系管理。维护媒体关系、实施有效财经传播是上市公司日常工作中不可或缺的一部分。通过媒体，企业能够有效地传递信息、传播公司故事、增加品牌价值、维护公司声誉、 创造有利的经营环境。财经公关能为上市公司准确地评估自身的舆论形象，帮助制定合适的传播目标与策略。

（5）危机管理。随着舆论和投资环境的日趋复杂，上市公司面临的危机事件越来越多，危机管理对上市公司是一项巨大挑战。财经公关公司会为上市公司提供危机公关，保证在危机出现时最大限度的维护上市公司的品牌形象。

（6）活动管理。企业上市前后，财经公关公司会组织举办各类公关活动，如上市路演推介会、上市答谢酒会、产品发布会、经销商大会、企业年会、企业庆典等。

财经公关公司通过上述职能提高上市公司品牌的知名度，增加上市公司品牌美誉度，协助上市公司完成其制定的市场宣传和品牌推广的目标，并最大程度上规避和化解危机。

公关活动，最早出现在20世纪初，指专门从事组织机构信息传播、关系协调与形象管理事务的咨询、策划、实施和服务的行为。

公关和广告，是企业进行市场推广的最重要的途径，由于公关行为涉及超级复杂的设计和运营，是一个高智力资源和经验融合的行业，出于这种较高的需求，出现了专门为财经类企业服务的财经公关公司；相对来说，广告则比较简单，所以并没有专门的财经广告公司。

公关和广告作为市场推广中最基本的两种方式，其操作手法是大相迥异的。广告一般用最直接最鲜明的方式直接把公司的形象推到公众面前，而公关则是通过周密的策划制造某些事件或某些状态，让社会大众接受认可企业的品牌形象。对比起来，公关工作会需要更多的社会经验和阅历以及工作的积累，从某种程度上讲要求更高些，且需要从业人员拥有更沉稳的作风和工作能力，所以大家会发现，世界上所有的广告公司的从业人员都相对年轻，而公关公司的从业人员则相对要年长的多，比如，美国曾出现过公关公司的从业人员平均年龄在40岁以上的现象。

在欧美国家，公关活动的发展比较发达，而在亚洲则不然，企业对公关的重视要相对低得多。

09
金融衍生机构篇

CHINA'S
FINANCIAL ECOSYSTEM

- 证券交易所
- 商品期货交易所
- 中国金融期货交易所
- 上海黄金交易所
- 大宗商品交易市场（中心）
- 贵金属交易所
- 资源、能源交易所
- 特殊权利交易市场
- 虚拟货币交易平台
- 以物易物交易平台

01 证券交易所

名词解释

证券交易所，是依据国家有关法律，经国务院审批通过，由中国证监会发起设立的集中进行证券交易的有形场所。在中国大陆合法设立的证券交易所有两个，即上海证券交易所和深圳证券交易所。

监管机构

中国证券监督管理委员会

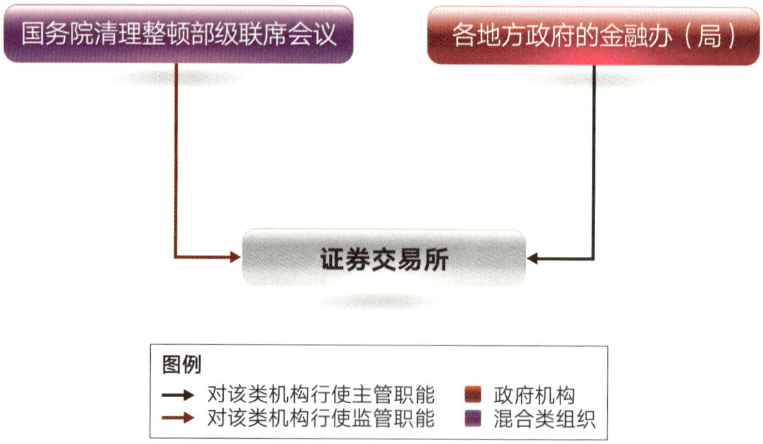

涉及法律法规

《证券法》

《证券交易所风险基金管理暂行办法》

业务功能

证券交易所的业务功能包括：

（1）提供交易证券（由中国证监会批准可以进行交易的）场所。

——在该交易场所中，证券买卖双方通过交易所规定的规则进行证券的买卖交易。

（2）形成证券交易的公开、标准价格。

——在交易所中能够完成的证券，由交易所根据买卖双方的交易情况，最终形成公开合理的交易价格。社会公众能够通过交易所提供的各种渠道及时了解到交易所公告的公开标准价格。

（3）为社会各类机构提供在证券交易市场上投资获利的机会。

——社会各类机构及个人可以通过买卖证券赚取利润。

（4）为在交易所上市的公司提供融资的机会。

——上市公司通过出让自己公司股权的方式，进行多渠道、多范围的融资，为上市公司提供更广泛的业务发展资金。

（5）为在交易所上市的公司提供上市、退市、并购、重组等一系列的交易规则和制度。

——为在交易所进行交易的各类机构提供各种交易的规则和制度。

（6）维护交易所正常的交易秩序。

（7）为在证券交易所交易的双方提供真实可信的交易信息。

（8）使用合法的手段最大化增加证券交易的流动性。

上海证券交易所

上海证券交易所创立于 1990 年 11 月 26 日，同年 12 月 19 日开始正式营业，位于上海浦东新区，是中国两大证券交易所之一，通常简称为上交所。

上海证券交易所是国际证监会组织、亚洲暨大洋洲交易所联合会、世界交易所联合会的成员。上海证券市场在上市公司数、上市股票数量、市价总值、流通市值、证券成交总额、股票成交金额和国债成交金额等各项指标中目前在 2 个证券交易所中均占据优势地位。

根据 2007 年 5 月 28 日发布的《上海证券交易所证券代码分配规则》，上证所证券代码采用六位阿拉伯数字编码，六位代码的前三位为证券种类标识区，其中第一位为证券产品标识，第二位至第三位为证券业务标识，六位代码的后三位为顺序编码区。首位代码代表的产品定义分别为：0——国债 / 指数、1——债券、2——回购、3——期货、4——备用、5——基金 / 权证、6——A 股、7——非交易业务（发行、权益分配）、8——备用、9——B 股。

上海证券交易所的交易品种包括：股票，封闭式基金，ETF，实时申赎货币基金，交易型货币基金，上市开放式基金（LOF），分级 LOF 基金，公司债，国债，企业资产支持证券，信贷资产支持证券，股指期权，权证等。

深圳证券交易所

深圳证券交易所成立于 1990 年 12 月 1 日，位于深圳，是中国两大证券交易所之二，通常简称为深交所。

深圳证券交易所，以建设中国多层次资本市场体系为使命，全力支持中国中小企业发展，推进自主创新国家战略实施。2004 年 5 月，中小企业板正式推出；2006 年 1 月，中关村科技园区非上市公司股份报价转让开始试点；2009 年 10 月，创业板正式启动，多层次资本市场体系架构基本确立。

深圳证券交易所的业务及交易品种包括：深证指数，融资融券及转融通，分级基金，ETFs，LOFs，权证，资管计划份额转让，约定购回式证券交易，股票质押式回购交易，资产支持证券，非流通股转让业务等。

证券交易所是中国金融生态圈中的顶级物种，位于生态链的上层。在中国，经中国证监会审批通过可以正式进行公开上市股票交易的场所，只有上交所和深交所两家。只有在这两个交易所公开上市并发行股票，才能够叫上市。除此之外，在其他的地方股票交易所“上市”其实都应该叫挂牌。所以，我们可以将上交所和深交所视为中国证券市场上唯二的两支正规军。

在成立中国首家证券交易所的时候，上交所和深交所是同时筹备的，两地政府彼此之间有过激烈的竞争。从获批时间上看，上交所稍早了几天，但是深交所却先一步开始营业。于是，在究竟谁才是中国第一家证券交易所这个问题上，两家一直存在着争议。

这种竞争关系也一直伴随在后面的业务开展过程中。证券交易会带来大量的衍生收益，带动交易所所在地的银行、保险等一系列多行业多领域的经济发展，加上交割产生的手续费和其他收入，由此产生的资金流通和直接税收会给当地政府带来很可观的财政收益，因此证券交易所成为地方政府的优质的获利平台，所以两个交易所在竞争中都使出了浑身解数。

最开始，双方的差异仅仅是股票代码的差别。深交所的股票代码以 0 开头，上交所的股票代码则以 6 开头，但双方都是主板交易。

这一局面在 2000 年前后发生变化。中央政府一度对美国纳斯达克股票交易市场的股票交易模式颇感兴趣，于是立志打造中国的纳斯达克，做中国的创业板。为了争取到这一机会，上交所和深交所均为此投入了大量精力。最终深交所成功中标，为了全心打造中国的纳斯达克做准备，连续 3 年停发新股。

后来发生的事情相信很多人都知道，2000 年 4 月份，美国纳斯达克股市崩盘。于是中国的纳斯达克项目被无限期推迟。而深交所因为连续 3 年没有新股票上市，其股市规模严重萎缩，筹资功能丧失殆尽，不仅影响了深交所及深圳经济的发展，而且对中国证券市场的发展形成了空前的制约。

对此局面深交所不能忍受，再次向中央申报，获批后作为创业板的过度，开设了中小企业板交易。2004 年 5 月获证监会批准，6 月深交所深市恢复发新股，8只新股在中小板上市，时称中国股市“新八股”。相对主板来说，中小板的交易规则并没有显著区别，流通盘在1亿以上的在主板上市，1亿以下的则是中小板。自此深交所在国内中小板的地位得到确认，大量的中小板在深交所上市。

2009年10月，中国创业板正式上市。中央政府为了补偿当年深圳在等待中国的纳斯达克3年中的损失，所以将创业板的上市工作也交给了深交所。自此，中国的证券市场形成了主板公司在上交所上市，中小板和创业板公司在深交所上市的格局。

02

商品期货交易所

名词解释

商品期货交易所，是为其会员单位提供商品的现货、远期、期货、期权交易的专业场所。中国的商品期货交易所包括郑州商品交易所、上海期货交易所、大连商品交易所。

主管机构

中国证券监督管理委员会

涉及法律法规

《期货交易管理条例》

《期货交易所管理办法》

职责范围

商品期货交易所履行下列职责：

（1）提供交易的场所、设施和服务；

（2）设计合约，安排合约上市；

（3）组织并监督交易、结算和交割；

（4）为期货交易提供集中履约担保；

（5）按照章程和交易规则对会员进行监督管理；

（6）中国证监会规定的其他职责。

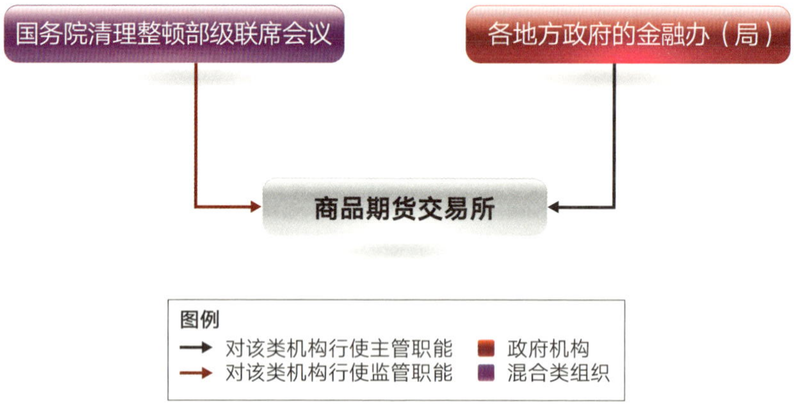

商品交易所交易的特点

（1）商品交易所的交易具有组织化的特点。

（2）商品期货交易所的交易具有多种化交易的特点，具有多种方式和多种模式。

交易的双方，既可以见面进行交割，也可以在交易所里通过招标的方式进行交割，还可以在交易所通过交易经纪人进行交易，此外可以对单一交易产品挂单竞价，由竞价高者得之。

（3）商品交易所的交易具有标准化和简单化的特点。

（4）商品交易所交易的客体具有特殊化的特点。

（5）商品交易所的交易具有集中化的特点。

郑州商品交易所

郑州商品交易所（以下简称郑商所）成立于1990年10月12日，是经国务院批准成立的国内首家期货市场试点单位，在现货交易成功运行两年以后，于1993年5月28日正式推出期货交易。郑商所隶属中国证券监督管理委员会管理。

郑商所目前上市交易期货品种有普通小麦、优质强筋小麦、早籼稻、晚籼稻、粳稻、棉花、油菜籽、菜籽油、菜籽粕、白糖、动力煤、甲醇、精对苯二甲酸（PTA）、玻璃、硅铁和锰硅。基本形成的综合性品种体系覆盖农业、能源、化工、建材和冶金等国民经济重要领域。

郑商所注重加强对外交流与合作。1995 年 6 月加入国际期权（期货）市场协会。2012 年 10 月加入世界交易所联合会。先后与美国芝加哥期权交易所、芝加哥商业交易所、纽约–泛欧交易所集团、印度多商品交易所、尼日利亚证券与商品交易所、香港交易及结算所有限公司、墨西哥衍生品交易所、泰国农产品期货交易所、加拿大多伦多蒙特利尔交易所集团等多家期货交易所签订了友好合作协议，定期交换市场信息，进一步扩大了郑商所在国际上的影响力。

大连商品交易所

大连商品交易所成立于 1993 年 2 月 28 日，并于同年 11 月 18 日正式开业，是经国务院批准并由中国证监会监督管理的四家期货交易所之一，也是中国东北地区唯一一家期货交易所。

大连商品交易所目前上市交易的有玉米、玉米淀粉、黄大豆 1 号、黄大豆 2 号、豆粕、豆油、棕榈油、鸡蛋、纤维板、胶合板、线型低密度聚乙烯、聚氯乙烯、聚丙烯、焦炭、焦煤和铁矿石共计 16 个期货品种。

根据美国期货业协会（FIA）公布的全球主要衍生品交易所成交量排名，2014 年大商所在全球排名第 10 位。

上海期货交易所

上海期货交易所系由上海金属交易所、上海商品交易所、上海粮油商品交易所合并而组成的，成立日期在 1999 年 5 月。

上海期货交易所目前上市交易的有黄金、白银、铜、铝、锌、铅、螺纹钢、线材、燃料油、天然橡胶、石油沥青、热轧卷板 12 种期货合约，并推出了黄金、白银和有色金属的连续交易。

期货交易所在中国金融体系中的地位与证券交易所相当。期货交易所的交易体制里,并非所有交易都是期货交易,事实上还存在着现货交易以及递延交易,具体要视交易双方的交易方式而定。

关于期货，本书在介绍期货公司的时候已经提到过，与股市不同，期货交易是个钱多永远致胜的市场,在后文中的大宗商品交易市场还会有更多的介绍,此处不再赘述。

值得注意的是，期货交易分为商品期货和金融期货，我国的期货交易所也是按照这一规则区分。我们通常说中国有四大期货交易所，但上文中所说的前三家都是商品期货交易所，第四家是中国金融期货交易所，是我国唯一的一家金融期货交易所，下文中为您详细介绍。

03 中国金融期货交易所

名词解释

中国金融期货交易所（以下简称“中金所”），是经国务院同意，中国证监会批准设立的，专门从事金融期货、期权等金融衍生品交易与结算的公司制交易所。中金所由上海期货交易所、郑州商品交易所、大连商品交易所、上海证券交易所和深圳证券交易所共同发起，于2006年9月8日在上海正式挂牌成立。

监管机构

中国证券监督管理委员会

涉及法律法规

《期货交易管理条例》

《期货交易所管理办法》

主要职能

中金所的主要职能是：组织安排金融期货等金融衍生品上市交易、结算和交割，制订业务管理规则，实施自律管理，发布市场交易信息，提供技术、场所、设施服务，以及中国证监会许可的其他职能。

上市品种

中金所的上市品种包括沪深300指数期货、上证50指数期货、中证500

指数期货、5 年期国债期货和 10 年期国债期货。

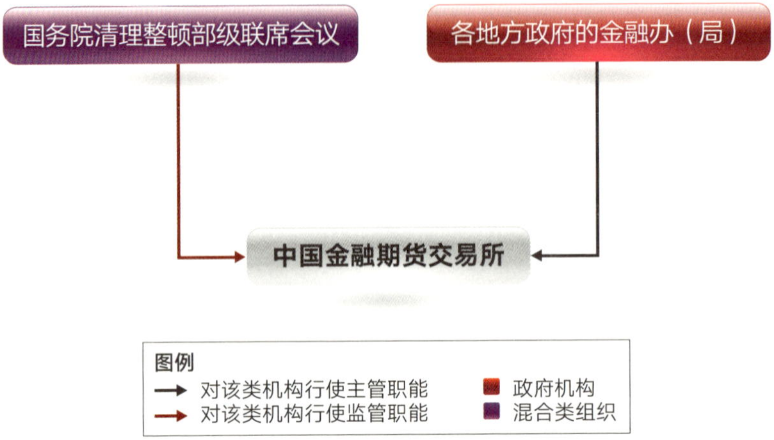

普华在线洞察 SINO-BALANCE ONLINE INSIGHT

中国金融期货交易所的出现，完善了中国期货交易体系，为中国证券交易所的交易提供了对冲的机制和回旋的空间，对于保证中国证券安全稳定性提供了很大的帮助。

由于期货交易的大杠杆和对冲特点，金融期货的交易在某些时候会对中国证券交易所交易的产品具有直接的影响，金融期货交易往往会影响到对证券市场的交易整体走向。

用最直白的话讲一个例子，拿股指期货来讲，金融期货交易市场上出现某买家 10 亿元进场买某一支股票下跌，由于杠杆原因，市面上大家会看到有 100 亿资金在买跌，这就会直接导致该股票下跌。

所以，如何控制好中金所的交易风险，发挥其在股票交易中的正向对冲作用，也是中国证券交易需要解决的难题之一。

04 上海黄金交易所

名词解释

上海黄金交易所是经国务院批准，由中国人民银行组建，于2002年10月30日正式开业，是我国唯一经国务院批准专门从事黄金交易的国家级市场。上海黄金交易所的成立实现了国内黄金生产、消费、流通体制的市场化，成为我国黄金市场开放的重要标志。

监管机构

中国人民银行

涉及法律法规

《金银管理条例》

基本职能

上海黄金交易所其基本职能是：

（1）提供黄金、白银、铂等贵金属交易的场所、设施及相关服务；

（2）制定并实施黄金交易所的业务规则，规范交易行为；

（3）组织、监督黄金、白银、铂等贵金属交易、结算、交割和配送；

（4）制定并实施风险管理制度，控制市场风险；

（5）生成合理价格，发布市场信息；

（6）监管会员黄金业务正常进行和交易合约按时履约，查处会员违反交易所有关规定的行为；

（7）监管指定交割仓库的黄金业务；

（8）沟通国际国内黄金市场、加强与国际黄金行业的交流；

（9）中国人民银行规定的其他职能。

交易品种

经过十余年的发展，上海黄金交易所逐步建成了由竞价市场、询价市场、租借拆借市场共同组成的，融境内主板市场与国际板市场于一体的完整的黄金市场体系。目前，竞价市场的交易量最大，银行、投资机构和个人均可参与，主要交易包括黄金、白银和铂三大类，现货、现货即期和现货延期交收共计 16 个交易品种。

询价市场则是竞价市场的重要补充，为银行与银行以及银行与企业之间的个性化、大宗业务提供平台，主要包括黄金即期、远期和掉期三类交易品种。借贷市场则是发展速度最快的市场，主要包括商业银行之间的黄金拆借业务和银行与企业之间的黄金租借业务。

目前国内黄金交易市场比较混乱，大量号称获得国际黄金交易资质的机构在国内招揽投资。但按照中国目前的法律法规，上海黄金交易所是国内唯一被认定合法进行中国境内黄金交易的交易机构，任何未经上海黄金交易所批准授权的打着其他各种旗号声称可以进行黄金交易的机构，都是没有资质的，也就是非法的。

中国政府对黄金交易的监管历来严格，追溯其历史，甚至可以到 3000 年前，在中国历史上各个朝代，黄金都是国家不可或缺的战备资源，是交易硬通货，由中央政府严格把控。在当今时代，随着科技的发展，越来越多的行业中出现黄金的身影，很多日常工艺产品甚至高科技产品在制造工艺上会用到黄金，比如铝合金，HI-FI 等。这一类制造工艺中如果使用量超过国家规定的标准，同样是需要到央行申报特定的审批资格。

综上来看，在中国，凡是涉足黄金交易，都必须要谨慎行事。

05
大宗商品交易市场（中心）

名词解释

大宗商品交易市场（中心）专指使用电子化交易方式进行大宗商品买卖和交易的批发市场。在现代商业活动中，只要是可以被标准化的大宗商品均可以在该市场中进行交割。

任何在中国合法设立的企业，均可以向省市一级的政府相关职能部门（通常为金融办）申请设立大宗商品交易市场（中心）。

大宗商品交易市场具备大宗货物的市场需求的储备、调节物价、生产组织预算和套期保值四大基本功能。

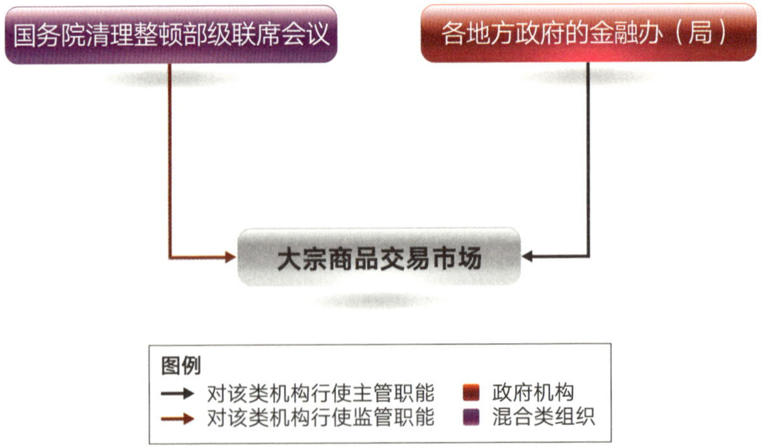

监管机构

国务院清理整顿大宗商品交易场所联席会议（办公室）

各地方政府金融办（局）

涉及法律法规

目前的法律法规体系里暂时没有明确规定

设立流程

大宗商品交易市场（中心）的设立流程可以简单罗列如下：

（1）准备工作阶段。包括公司注册和域名、服务器购买。

（2）交易所内部设计及政府审批阶段。包括可行性方案设计及编写，交易所交易体系及运营体系设计及编写，政府报备，县 / 区级政府审核，市级金融办审核，市级政府审核，商务部联席办审核。

（3）软件开发及硬件配置阶段。包括交易软件开发及软硬件搭建配置，网站开发及硬件配置。

（4）运营支持及试运营阶段。包括人员招聘辅导及培训，运营文件及其他支持、运营辅导。

在我国现行法律体系的限制下，申请期货交易市场的条件是十分严苛的，监管体系也是复杂和严格的。所以，对民营企业来说，申请相对较容易的大宗商品交易市场就成为一种可以变相从事期货交易的特别手段。根据现行法律法规的规定，为了规避法律的约束，大宗商品市场在交易过程中将期货交易改成递延交易，当然，递延交易的本质还是期货交割。在交货日期之前，交易双方在网络平台上形成的仍是交付保证金形式的订单交易，因此在本质上看，大宗商品交易实际上做的就是期货交易。从这个角度上将看，大宗商品交易市场可以视为民营企业的一个良好的融资平台，也是民营企业从事金融业务的一个途径和方式。

大宗商品交易的过程中往往涉及多逻辑交易，有别于普通的电子商务平台中的单逻辑交易，其交割市场中的报价和运行交割体系，均需要特殊的技术平台来支撑，普通的电子商务公司很难胜任这项工作。同时，在交易过程中，交易产品的选择和交易规则的设定包括交易客户的发展等等，均需要具有丰富期货交易经验的人员参与并主导，所以目前国内成功运营大宗商品交易市场的几乎均为曾经在期货交易机构中长期工作的资深从业人员。从这点上看，想要申请设立大宗商品交易市场，如果您本人就是资深的期货从业人员当然最好，否则最好先行招募，以确保有足够的专业人员支持。

目前国内有很多机构可以帮助企业申报构建大宗商品交易所，比如有着丰富经验的**深圳普华汇金资产管理有限公司**。

06 贵金属交易所

名词解释

贵金属交易所是指使用电子交易方式，对除黄金以外的国家法律允许范围内的包括白银、铂金等贵金属进行批量交割的现货和远期交易的平台。

监管机构

中国人民银行
国务院清理整顿各类交易场所联席会议（办公室）
各地政府金融办（局）

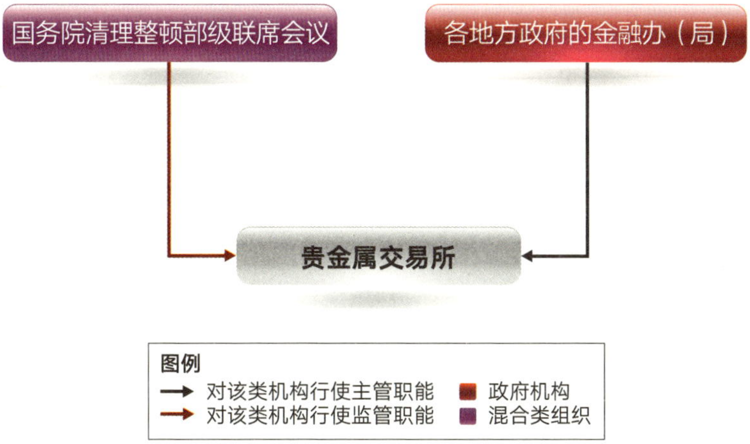

涉及法律法规

目前的法律法规体系里暂时没有明确规定

交易品种

目前在中国的贵金属交易市场中主要的交易品种有白银、铂金、钯金、镍、铜、铝六个品种。

普华在线洞察 SINO-BALANCE ONLINE INSIGHT

贵金属交易所、资源、能源交易所以及后文中的特殊权利交易所等金融衍生机构都是中国金融市场中的新生事物，属于生力军。在中国政府批准的贵金属交易所中，大多主要以贵金属的递延交易即期货交易为主。在交易过程中，除了交易所指定的 10 倍交易杠杆，很多交易所私下在电子交易系统中还会为设置最多高达 100 倍的配资，即在交易所投资过程中，投资 1 元钱可在交易平台中达到 1000 元的购买能力。以此计算，理论上，1 元的投入就意味着 1000 元进场，如果按照每天 10% 的涨幅计算，连续四天即可赚获得几百上千倍的收益回报。正是因为这一点，近年来大量投资人在贵金属交易市场中疯狂投资。

但是，需要提醒的是，目前国内的贵金属交易市场中，通常采取做市商交易制度，而我们不知道的是，很多做市商事实上是由交易所内部指派的，所以其交易的真实价格和交易行情，实际上由做市商和交易所共同控制。于是，在交易过程中，极可能出现的是交易双方的双输，而不是大家期待的双赢。

所以在投资贵金属交易的过程中，如果对交易市场的规则和体系没有深入了解，不具备资深的操盘技术，建议大家还是谨慎入市为好。

07 资源、能源交易所

名词解释

资源、能源交易所，是指以电子交易的方式对可以进行标准化的资源、能源进行大宗现货和递延交易的市场。资源、能源交易是一种较为特殊的交易，尤其是近年来新兴起许多交易品种之后。目前市场上交易的商品主要有轻原油、重原油以及燃油等；近年来新兴的品种包括二氧化碳排放配额、气温等。能源期货最早是在1978年开始在纽约商业交易所交易，商品是热燃油。之后到1992年间增加了其他的商品。

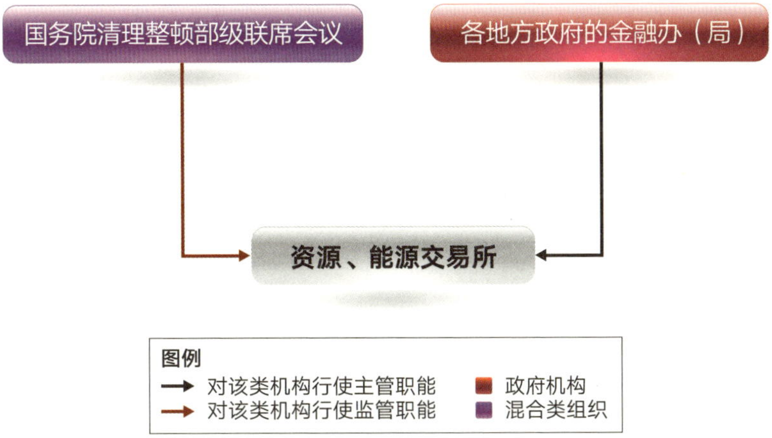

监管机构

国务院清理整顿大宗商品交易场所联席会议（办公室）

各地方政府金融办（局）

涉及法律法规

目前的法律法规体系里暂时没有明确规定

普华在线洞察 SINO-BALANCE ONLINE INSIGHT

在国内，对于普通人来说，资源、能源交易可能是比较生僻和冷门的领域。相较而言在欧美发达国家的市场中，资源、能源的交易要多一些，比如电力交易。电力差价合约是中长期合约交易中比较常用的一种合约，由于其形式简单、易于操作，在英国、澳大利亚等国家的电力市场中得到了广泛使用。差价合约是指买电的配电公司（或用户）与卖电的发电商之间的一种中长期合约。当合约交货时的市场价格高于合约敲定价时，配电公司（或用户）仍以市场价与联营体进行买电交易结算，而发电商需要把市场价与合约敲定价之间的差价交付给配电公司（或用户），而当合约交货时的市场价格低于合约敲定价时，发电商仍以市场价向联营体卖电结算，而配电公司（或用户）需要把市场价与合约敲定价之间的差价支付给发电商。因此，差价合约等价于一个合约价格为敲定价的固定的中长期合约。

在资源、能源交易市场中，曾经出现过一个非常著名的公司——安然公司，安然公司曾经是世界上最大的能源、商品和服务公司之一，名列《财富》杂志“美国 500 强”的第七名，自称全球领先企业。其最初就是靠创建资源、能源交易所迅速发展和急剧扩张的。当然，后来著名的“安然事件”让这个庞大的商业帝国土崩瓦解，并因此导致世界上最著名的会计事务所之一的安达信倒闭。由于其破产原因与资源、能源交易并无直接关系，所以此处我们不作详细介绍，有兴趣的读者可以去了解一下。

放眼如今的世界格局，经济的发展带来的资源和能源的需求有增无减，加上互联网时代的诸多创新，资源和能源交易的方式也越来越多，随着市场的逐步开放，交易所的交易机制逐渐放开，未来的资源、能源交易市场会为民营企业的发展提供更多的机遇和平台。

08
特殊权利交易市场

名词解释

特殊权利交易市场，是指通过电子方式对某种可以标准化的特殊权益进行大宗批量化交易的市场。包括股权交易市场、特许经营权交易市场和土地使用权交易市场等。比如深圳前海股权交易市场、天津股权交易所、上海股权托管交易中心、北京股权交易中心等。

监管机构

国务院清理整顿大宗商品交易场所联席会议（办公室）
各地方政府金融办（局）

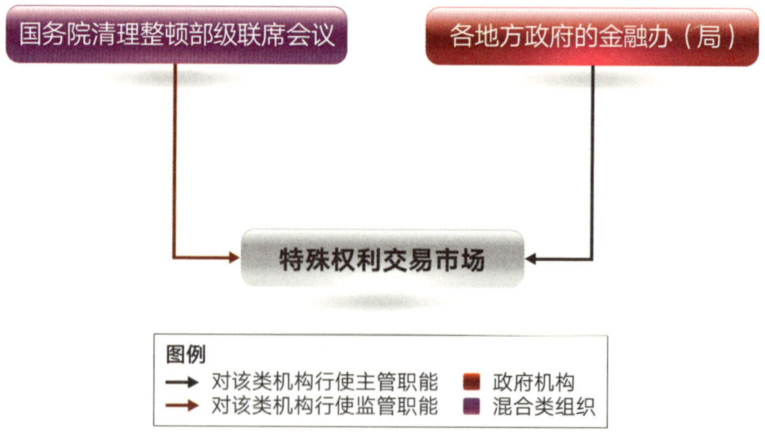

涉及法律法规

目前的法律法规体系里暂时没有明确规定

普华在线洞察
SINO-BALANCE ONLINE INSIGHT

说起特殊权利交易，可能有些人会比较困惑，不解其意。我们可以举个例子来说明。比如某专家，在某个领域有独到的见解或有了新的研究成果，他可以将其见解或研究成果整理成为一套课程，然后将该课程在未来一段时间内的听课的权利，通过一个叫做文化产权交易所的机构，面向全社会进行公开预售。社会大众对其课程感兴趣，即可通过交易所预先购买听课权利。购买之后，既可以选择去在未来的时间内听课，也可以选择将该权利继续在交易所网站上挂出售给其他人而获利。这种交易就是我们所讲的特殊权利交易，而文化产权交易所也就是特殊权利交易市场中的一种交易平台机构。特殊权利交易市场中提供交易的所有特殊权利，都会提供给客户两种选择，一种是购买权利之后自行使用，另一种则是将其挂在平台上继续卖给其他人获利。

股权交易也是特殊权利交易的一种。提到股权交易所，有很多人会将其与证券交易所混淆。事实上股权交易与股票买卖是两个概念。按照股权交易所的交易规则，股权交易只能是大宗的批量的交易。目前国内各地有多家股权交易所，可是在实际上往往都不太不具备让客户和公众公开交易流通的能力，所以事实上只允许拥有大规模资金的机构进行投资，交易流通规模还很有限。由于中国的股权交易尚缺乏公开透明的交易机制，缺乏中国证监会的有效监管，所以目前市场上股权交易所的交易仍处于极其不活跃的阶段。

当然，随着金融改革和整体经济的发展，市场多样化是最终的趋势，随着相关政策法规的细化程度越来越高，未来在市场上能够演化出来的特殊权利的交易机构也一定会越来越多。已经有一些涉及特殊权利（如版权，特许经营权、土地使用权、文化产品的产权等）交易的新兴交易所在研究和设立的过程中，这些新兴的交易所会在未来带给中国民营企业大量拓展空间。

09
虚拟货币交易平台

名词解释

虚拟货币交易平台，是指通过互联网搭建虚拟货币相互之间进行交易的平台。虚拟货币是由指定人群认可，具备交易中介和价格尺度的特殊商品，其表现形式多为网络程序中的电子符号。

随着互联网金融发展的多样化，大量归属于各种不同法律主体的虚拟货币越来越多，例如百度币、Q币、比特币等，虚拟货币在其自己发行主体的认可范围内，均可以像实体货币一样进行流通。

而由于每一个虚拟货币发行主体均有范围限制，所以导致其流通和接收范围均会受到一定的限制，基于这种需求，虚拟货币的交易平台就应运而生了。不同发行主体的虚拟货币通过该平台可以实现互相的兑换和流通。其运行的机制，类似于国际外汇市场中各国货币的兑换交易。比如，可以通过平台将手里的Q币兑换成百度币。

监管机构

工业和信息化部、电信主管部门、公安部、广电总局以及国家互联网信息办公室等

——虚拟货币交易平台目前暂无专门的监管机构，《关于促进互联网金融健康发展的指导意见》（银发〔2015〕221号）中指出，中国人民银行、银监会、证监会、保监会应当密切关注互联网金融业务发展及相关风险，对监管政策进

行跟踪评估，适时提出调整建议，不断总结监管经验。财政部负责互联网金融从业机构财务监管政策。中国人民银行会同有关部门，负责建立和完善互联网金融数据统计监测体系，相关部门按照监管职责分工负责相关互联网金融数据统计和监测工作，并实现统计数据和信息共享。

涉及法律法规

《关于促进互联网金融健康发展的指导意见》（银发〔2015〕221 号）

虚拟货币的分类

网络虚拟货币大致可以分为三类：

第一类是门户网站或者即时通讯工具服务商发行的专用货币，用于购买本网站内的服务。使用最广泛的当属 Q 币、百度币等。

第二类是大家熟悉的网络游戏中的货币，玩家可以通过游戏中的交易实现货币和游戏中物品的流通与买卖。

第三类互联网上的虚拟货币，如比特币（BTC）、莱特货币（LTC）等，主要用于互联网金融投资，在某些国家也可以作为新式货币直接在生活中使用。

虚拟货币不属于政府发行的货币，不受政府金融监管机构的监管，但其交易模式和交易思路又符合金融证券等交易平台运行的思路和规则，而且由于不同币种每一天在全国范围内的价格具备能够被大众认可的浮动性，所以各种币种之间的交易将产生巨大的交易空间和对冲机会，随着互联网的发展，随着每一个互联网企业为自己的用户准备的交易体制越来越完善，虚拟货币交易平台这种不属于现行金融监管体制内、非金融的商业体系，将越来越多的焕发出真正金融属性的特色特性。

虚拟货币交易平台的设立是没有太多门槛限制的，大家都可以做，而在虚拟货币交易的过程中，平台是要收取交易手续费的，所以交易量越大，参与交易的人越多，交易平台设计的玩法越多，交易平台的收益也就越大，目前较大平台的一年的交易量，按照等值人民币计算，甚至可以达到数千亿的规模。

当然，尽管设立的法律门槛较低，运行监管宽松，但该平台搭建所需要的技术门槛较高，而且要按照正式交易所的交易体系制定其交易规则，明确其交易是按照协议、招标、坐市、竞价撮合等不同的交易模式，同时也要设定开市、闭市，开户、退户等相关的规则，所以较高的技术门槛，限制了大量机构进入这个市场的可能性，但总的来说，机会还是越来越多的。

相较于国家法定货币而言，虚拟货币没有国家财政税收和经济总量作为保障，其价值得不到法律的承认，不能得到法律的保护，其价值完全存在于用户的思想意识形态中，依赖于用户的认可。世界各国均未出台过法定货币与虚拟货币交易机制的相关程序和法律，换句话说，现实货币和虚拟货币在法律上是没有交割的法律保障的，最多只允许其进行单项交割，可以用法定货币购买虚拟货币，但不允许虚拟货币直接兑换法定货币。由于中国政府并不禁止虚拟货币在国际上的流通，国内目前出现了这样的骗局，某些人动员他人购买虚拟货币，声称可以通过国外的交易平台上用虚拟货币去兑换外币，简单说就是拿虚拟货币炒外汇，可是您需要知道，虚拟货币到国外能不能兑换外币，可不是他们说了算的。在此，奉劝各位收起贪念，远离风险，尽量绕开这些没有法律保障的收益陷阱。有兴趣的人，可以了解一下“珍宝币”事件。

10 以物易物交易平台

名词解释

以物易物交易平台，顾名思义，就是以实物换实物的平台，在该平台上，双方不产生货币的交割，直接以某种动产、不动产、有形资产、无形资产，变更成其他的动产、不动产，双方以共同达成交易契约为成交结果。一旦交割成功，以物易物平台要收取一定的手续费用。

监管机构

工业和信息化部、电信主管部门、公安部、广电总局以及国家互联网信息办公室等。

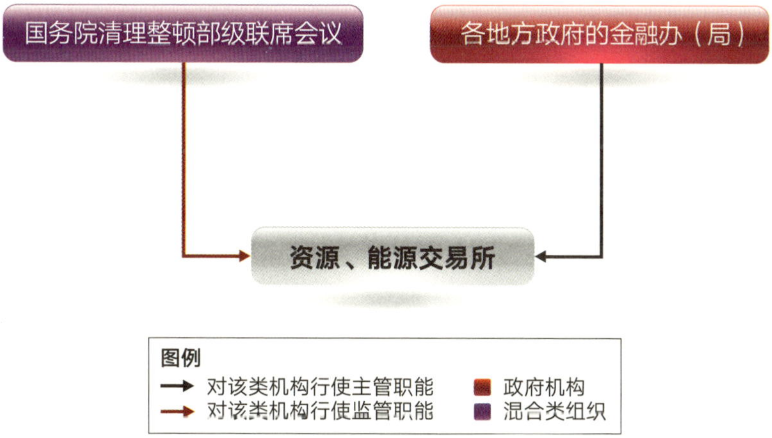

设立与注册

以物易物交易平台不属于金融体系，可以嫁接到任何法人主体中，任何形式的有限责任公司、股份有限公司、个人独资企业都可以开办以物易物业务。只要在其经营范围中添加该业务即可，但是在其运行机制中，需要具备较高的交易所的运营规则，导致其门槛较高。

以物易物的意义

以物易物平台的出现可以同时满足交易双方的需求，为双方构建交易的快捷通道。

（1）易物清库。大量不易销售的或者积存的产品会占用企业的库存，如果可以通过以物易物的交易将自己积压的产品换取企业发展所需的资源，可以实现商品的快速周转，清理库存。

（2）易物营销。根据企业自身的需求，直接将本企业冗余的商品或其他生产资料，直接交换成企业发展所急需的商品，实现采购与销售的同时进行，打造最佳的营销模式。

（3）易物筹税。国家在税收的体系中，所有税款的收取都是根据货币流通的轨迹确认的，由于以物易物的交易过程中不涉及资金的往来，这就为交易双方节省了大量的缴税成本。

（4）易物投资。将不用的资产作为物品的投资，直接投资到对方的项目和公司中，实现以物投资。

随着互联网的发展，很多批量化的交易抛开了货币，直接形成了批量化产品对批量化产品的交易，当该交易可以满足供求双方的诉求，就可以进行交割，这种模式规避了采用货币交易而出现的第三方的参与，避免了因此而产生的各种各样的矛盾，并且降低了交易成本，实现了交易的快捷与便利。由于该平台中，对不同交割物品的价格，很难通过国家或国际标准进行确认，所以交割过程中大多以自愿为主。

以物易物模式的发展，促成了很多企业之间生产经营模式的转化，改变了原有的交易模式。我们来看一个案例：某企业家甲与某市政府相关部门签订了一份关于某市中心一个露天的液晶广告牌的使用合同，拥有该广告牌的 5 年使用权，该合同预期收益价值 8000 万元，将于 5 年内分批向广告商收取广告费用。出于业务发展的需求，甲希望购买一处商业地产作为办公场所，却苦恼于手头缺流动资金，而银行和保理公司又不接受甲将其广告牌的 5 年收益权作为抵押为其贷款。

刚好，房地产开发商乙在当地有一处写字楼，该项目的销售业绩并不理想。乙苦恼于项目不能出手变现获取流动资金。于是，通过以物易物平台搭桥，乙用自己的楼盘向甲换取该广告牌的 5 年收益权，借此，乙达到了盘活资金的目的，而甲也如愿提前获得了写字楼，解决了办公场所的问题。甲乙双方互取所需，在最短时间内满足了彼此的需求。这一交易过程就是典型的以物易物行为。

以物易物的体系直接回归了商品交割的本源，达到了商品交易原始的“你情我愿”的状态，而互联网的发展，更是直接拉近了双方的距离，但是由于各个国家都缺乏对以物易物的法律约束和法律保障，缺乏有关纠纷的司法解释，所以在交易过程中经常会出现法律纠纷，这也是准备搭建平台的商业主体应该特别关注的地方。

10
泛金融机构篇

CHINA'S
FINANCIAL ECOSYSTEM

- 会计师事务所（审计）
- 资产评估事务所
- 律师事务所（民商业务）
- 信用评级机构
- 个人征信公司
- 财务管理公司
- 金融外包服务公司

01
会计师事务所（审计）

名词解释

会计师事务所是依法承办会计、审计、税务等相关服务的机构。会计师事务所的开办中必须要求有注册会计师资格。

监管机构

会计师事务所的主管机构是财务部及其派出机构，从事金融相关的业务需要到相关主管机构备案取得许可

——从事拟上市公司或其他中国证监会管理的证券业务的审计工作，向中国证监会或相关机构提交审阅的审计报告，均需要到中国证监会备案，获得相应的手续，其提交的审计报告才能产生合法效力

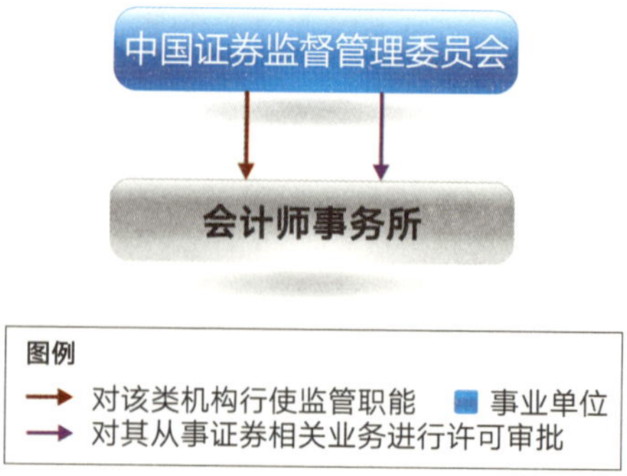

涉及法律法规

《注册会计师法》

《会计师事务所审批和监督暂行办法》

设定条件

注册会计师可以申请设立合伙会计师事务所或者有限责任会计师事务所。

（1）设立合伙会计师事务所，应当有 2 名以上的合伙人；

（2）设立有限责任会计师事务所，应当有 5 名以上的股东，有不少于人民币 30 万元的注册资本；

（3）会计师事务所的合伙人或者股东，应当持有注册会计师证书并在会计师事务所专职执业；有取得注册会计师证书后最近连续 5 年在会计师事务所从事下列审计业务的经历；

（4）会计师事务所应当设立主任会计师；合伙会计师事务所的主任会计师由执行会计师事务所事务的合伙人担任。有限责任会计师事务所的主任会计师由法定代表人担任，法定代表人由股东担任；

（5）注册会计师在成为会计师事务所的合伙人或者股东之前，应当在省、自治区、直辖市注册会计师协会（以下简称“省级注册会计师协会”）办理完从原会计师事务所转出的手续。若为原会计师事务所合伙人或者股东，还应当按照有关法律、行政法规，以及合伙协议或者章程办理完退伙或者股权转让手续；

（6）法律规定的其他条件。

设立流程

设立会计师事务所，应当由全体合伙人或者全体股东提出申请，由拟设立的会计师事务所所在地的省级财政部门批准。

申请设立会计师事务所，应当向省级财政部门提交下列材料：

（1）设立会计师事务所申请表；

（2）会计师事务所合伙人或者股东情况汇总表；

（3）注册会计师情况汇总表；

（4）工商行政管理部门出具的企业名称预先核准通知书复印件；

（5）全体合伙人或者全体股东现所在的省级注册会计师协会为其出具的从事的审计业务情况的证明、已转出原会计师事务所证明，若合伙人或者股东为原会计师事务所合伙人或者股东的，还应提交退伙或者股权转让证明；

（6）会计师事务所注册会计师的注册会计师证书复印件；

（7）书面合伙协议或者股东共同制定的章程；

（8）办公场所的产权或者使用权的有效证明复印件。

设立有限责任会计师事务所，还应当提交验资证明。

经省级财政部门批准设立的会计师事务所，应当依法办理工商登记手续。

业务范围

会计师事务所的业务范围包括：

（1）审查企业会计报表，出具审计报告；

（2）验证企业资本，出具验资报告；

（3）办理企业合并、分立、清算事宜中的审计业务，出具有关的报告；

（4）法律、行政法规规定的其他审计业务。

（5）注册会计师可以承办会计咨询、会计服务业务。

在国内，任何一个公司准备上市，均需经证监会备案并获得相应许可的会计师事务所出具审计报告，该报告是拟上市公司提交的审计数据的法律依据。在中国金融生态圈中，会计师事务所是一股不可忽视的力量。

会计师事务所在涉及金融的相关业务中，主要承担的是依法对企业的金融业务进行审计，在金融业务过程中能够合法证明一个企业或项目的财务基本情况的，均为经过合格会计师事务所审计后提交的审计报告。

审计报告会对一家企业的基本情况进行清晰和明确的阐述，会计师事务所提交的审计报告，会在正文第一段内容页中直接标明会计师事务所对其审计项目的认定。如果文字中有会计师事务所对所提交的审计结果“认可”、“没有其他异议”等字样，即表明该事务所对审计报告承担完整的审计责任和确认责任；而如果审计报告中出现“仅承担保留意见”、“重大瑕疵”、“严重纰漏”等相关字样，或者直接写明“仅根据规则进行审计”、“并不承担审计报告结果的相关法律责任”等字样，则表明该事务所对该企业或项目的审计结果不持肯定态度。所以说，在实际业务过程中，接触到会计师事务所的审计报告的时候，在第一页即可知道结果。

通常来讲，会计师事务所的业务能力与可信度，与其注册资金规模和其注册会计师的数量是成正比的，因此建议大型金融活动或投融资业务，应该找规模较大的专业的会计师事务所进行审计。

在金融圈流传过一句比较戏谑的说法——“少壮不努力，老大做审计”，虽然比较刻薄，但也反映出审计工作的复杂与艰辛。每个企业的财务情况都是错综复杂的，涉及因素千变万化，想真正做出一份完善的审计报告，需要花费的时间和精力都是外行难以想象的。

02
资产评估事务所

名词解释

资产评估事务所即组织注册评估师对目标资产价值进行专业化评估预算的专业服务机构。

监管机构

资产评估事务所的主管机构是财务部及其派出机构，从事金融相关的业务需要到相关主管机构备案取得许可

——资产评估事务所在为拟上市公司或其他中国证监会管理的证券业务的资产评估工作时，需到中国证监会备案，获得相应的许可，其提交的资产评估报告才能产生合法效力

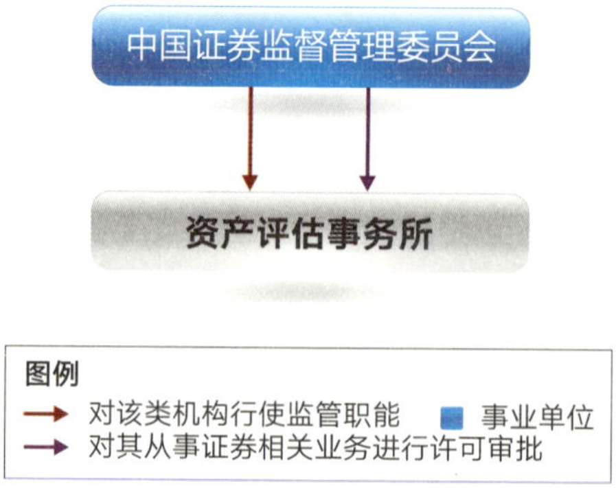

涉及法律法规

《资产评估法》

《资产评估机构审批和监督管理办法》

设立条件

设立资产评估事务所，应当依法采用合伙或者公司形式。

（1）设立合伙制资产评估机构，应有 2 名以上符合本办法规定的合伙人，有 5 名以上注册资产评估师；合伙人实际缴付的出资总额不低于人民币 10 万元，其中，以特殊的普通合伙形式设立的，合伙人实际缴付的出资总额不低于人民币 30 万元。

（2）设立公司制资产评估机构，应有 2 名以上符合本办法规定的股东，有 8 名以上注册资产评估师，注册资本不低于人民币 30 万元。

（3）资产评估机构的合伙人或者股东应当持有注册资产评估师证书，近三年连续专职从事资产评估业务，成为合伙人或股东前三年内，未因评估执业行为受到行业自律惩戒或者行政处罚。

（4）合伙制资产评估机构的首席合伙人和公司制资产评估机构的法定代表人应当由该机构持有注册资产评估师证书的执行合伙事务的合伙人或者股东担任。

（5）法律规定的其他条件。

设立流程

设立资产评估机构，应当由全体合伙人或者股东（以下简称申请人）指定的代表或者共同委托的代理人，向省级财政部门提出申请，并提交下列申请材料：

（1）资产评估机构设立申请表；

（2）合伙协议或者公司章程；

（3）工商行政管理部门出具的名称预先核准通知书；

（4）设立合伙制资产评估机构的，提供出资证明；设立公司制资产评估机构的，提供验资报告；

（5）合伙人或者股东简历，以及担任首席合伙人或者法定代表人的人选；

（6）经所在地资产评估协会核实的注册资产评估师注册情况汇总表、合伙人或者股东连续专职从事资产评估业务年限及其未因评估执业行为受到行业自律惩戒或者行政处罚的证明材料；

（7）注册资产评估师证书和身份证的复印件；

（8）注册资产评估师转所申请表；

（9）办公场所的产权或者使用权的有效证明。

申请人持批准文件办理完成工商注册登记和中国资产评估协会入会手续后，应当向省级财政部门申领资产评估资格证书，同时将营业执照复印件以及在工商行政管理部门备案的合伙协议或者公司章程报省级财政部门备案。

普华在线洞察

SINO-BALANCE ONLINE INSIGHT

根据现行相关法律的规定，目前国内已经取消了企业在注册的程序中无形资产在固定资产中的比例限制，所以企业在注册成立后可以采用货币、固定资产或无形资产多种形式，唯一的区别在于以非货币形式出资的，需要持有资质的资产评估事务所对固定资产进行评估，按照评估后的价值确认为其入资的资本金。这种方式能够帮助很多企业规避一直不能实缴的尴尬局面，所以成为很多企业将认缴改为实缴的重要方式。也因此，资产评估事务所在越来越多的金融活动中扮演起重要的角色。

03
律师事务所（民商业务）

名词解释

律师事务所是律师的执业机构，律师接受当事人的委托，提供各种法律服务。

律师事务所在其办理业务的过程中，会根据业务的方向分为刑案事务、民商事务等，由于本书谈论的是金融业务，所以此处所讲的律师事务所也专指这一类，更准确的是涉及经济上的业务。

监管机构

国家各级司法行政机关

涉及法律法规

《律师法》

《律师事务所管理办法》

设立条件

律师事务所可以由律师合伙设立、律师个人设立。合伙律师事务所可以采用普通合伙或者特殊的普通合伙形式设立。

设立律师事务所应当具备下列基本条件：

（1）设立人应当是具有一定的执业经历并能够专职执业的律师，且在申请设立前三年内未受过停止执业处罚；

（2）设立普通合伙律师事务所，需有三名以上合伙人作为设立人，设立人应当是具有三年以上执业经历并能够专职执业的律师，拥有人民币 30 万元以上的资产；

（3）设立特殊的普通合伙律师事务所，需有二十名以上合伙人作为设立人，有人民币 1000 万元以上的资产；

（4）设立个人律师事务所，设立人应当是具有五年以上执业经历并能够专职执业的律师，有人民币 10 万元以上的资产；

（5）合伙律师事务所的负责人，应当从本所合伙人中经全体合伙人选举产生；个人律师事务所设立人是该所的负责人；

（6）法律规定的其他条件。

设立流程

申请设立许可时，申请人应当如实填报《律师事务所设立申请登记表》。向所在地设区的市级或者直辖市的区（县）司法行政机关提交下列材料：

（1）设立申请书；

（2）律师事务所的名称、章程；

（3）设立人的名单、简历、身份证明、律师执业证书，律师事务所负责人人选；

（4）住所证明；

（5）资产证明。设立合伙律师事务所，还应当提交合伙协议。

律师事务所设立申请人应当在领取执业许可证后将刻制的律师事务所公章、财务章印模和开立的银行账户报所在地设区的市级或者直辖市的区（县）司法行政机关备案。

业务范围

律师事务所经营的经济业务范围一般包括：

（1）起草、审查、翻译各种商业合同和法律文书，对工商业务涉及的法律问题提供咨询意见和法律意见书；

（2）参与重大商务谈判，协助草拟谈判提纲；考察合同签订方的主体资格、资信与财产调查；

（3）代理参加合同纠纷的调解、仲裁或诉讼活动；

（4）运用法律手段加强合同、劳动人事、财务、商业秘密等经营管理；

（5）为公司设立、重组、融资、转让、收购兼并、产权界定、产权交易、资产置换、破产清算等提供包括建立法律构架、法律风险分析、法律文件准备等法律服务；

（6）为股票、债券、基金的发行、转让和期货交易等证券业务提供法律服务；

（7）提供银行资产、负债和中间业务的法律服务，处理包括存单、票据、贷款、结算、保理、信用证等银行法律业务；

（8）起草、审查银团贷款、项目贷款、抵押、信托、融资租赁等金融业务的相关文件或参与谈判；

（9）为公司股份制改组及股票境内、外上市出具法律意见书；

（10）其他法律事务。

在企业上市的过程中，为其服务的会计师事务所、资产评估事务所都需要到证监会备案取得许可，而律师事务所则不需要再向证监会报备，任何一个律师事务所出具的法律文件都具备法律效力。

由于法律的多样性和复杂性，在承担企业金融业务的过程中，律师事务所能否提供给企业最优质的法律服务，取决于事务所尤其是当事律师的从业经验、擅长领域以及其掌握的各类资源，涉及金融业务的时候，尤其需要律师熟知中国金融法律，并拥有丰富的案件处理经验。经验越多，金融领域做业务的能力也就越强，也就可以为企业在金融市场活动中提供更多的支持，更好地规避相关风险。

在中国的金融圈，就金融业务而言，相对于评估师和会计师来说，律师的从业队伍可能是水平差距最大的，良莠不齐的现象非常突出。随着国内金融市场的发展，大量不熟悉金融领域业务的经济案件律师甚至刑案律师也转行过来从事金融相关的业务，这也导致在很多时候企业聘请的律师不能够为其提供应有的服务与支持。所以，在选择律师事务所和律师的时候，不要想当然地认为所有的律师都有可以胜任这个专业领域的能力，也需要擦亮眼睛再定夺啊。

04 信用评级机构

名词解释

信用评级机构是依法设立的从事信用评级业务的社会中介机构，是金融市场上一个重要的服务性中介机构，它是由专门的经济、法律、财务专家组成的对证券发行人和证券信用进行等级评定的组织。

监管机构

中国人民银行

涉及法律法规

《信用评级管理指导意见》

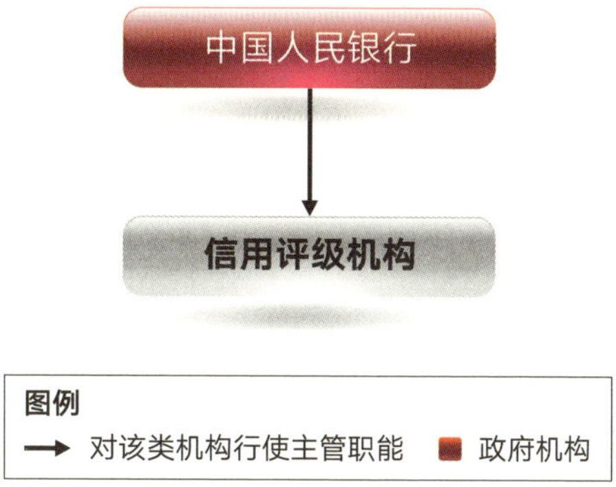

评级程序

一般情况下，信用评级主要包括以下程序：

（1）接受委托。包括评估预约、正式接受委托、交纳评级费用等。

（2）前期准备。包括移送资料、资料整理、组成评估项目组、确定评级方案等。

（3）现场调研。评估项目组根据实地调查制度要求深入现场了解、核实被评对象情况。

（4）分析论证。评估项目组对收集的信息资料进行汇集、整理和分析，形成资信等级初评报告书，经审核后提交信用评级评审委员会评审。

（5）专家评审。包括评审准备、专家评审、确定资信等级、发出《信用等级通知书》。

（6）信息发布。向被评对象出具《信用等级证书》，告知评级结果。

（7）跟踪监测。在信用等级有效期内，评估项目组定期或不定期地收集被评对象的财务信息，关注与被评对象相关的变动事项，并建立经常性的联系、沟通和回访工作制度。

评级标准

在中国，不同的管理机构根据自身业务特性及目的，采取了不同的信用等级划分标准。目前，较为流行的是三级十等信用等级标准，被大多银行和评级机构所认可。根据中国人民银行发布的《信用评级管理指导意见》，对企业信用等级标准有如下规定：

（1）银行间债券市场长期债券信用等级划分为三等九级，符号表示分别为：AAA、AA、A、BBB、BB、B、CCC、CC、C。等级含义如下：

AAA级：偿还债务的能力极强，基本不受不利经济环境的影响，违约风险极低。

AA级：偿还债务的能力很强，受不利经济环境的影响不大，违约风险很低。

A级：偿还债务能力较强，较易受不利经济环境的影响，违约风险较低。

BBB级：偿还债务能力一般，受不利经济环境影响较大，违约风险一般。

BB级：偿还债务能力较弱，受不利经济环境影响很大，有较高违约风险。

B 级：偿还债务的能力较大地依赖于良好的经济环境，违约风险很高。

CCC 级：偿还债务的能力极度依赖于良好的经济环境，违约风险极高。

CC 级：在破产或重组时可获得保护较小，基本不能保证偿还债务。

C 级：不能偿还债务。

除 AAA 级，CCC 级以下等级外，每一个信用等级可用“+”、“-”符号进行微调，表示略高或略低于本等级。

（2）银行间债券市场短期债券信用等级划分为四等六级，符号表示分别为：A-1、A-2、A-3、B、C、D。等级含义如下：

A-1 级：为最高级短期债券，其还本付息能力最强，安全性最高。

A-2 级：还本付息能力较强，安全性较高。

A-3 级：还本付息能力一般，安全性易受不良环境变化的影响。

B 级：还本付息能力较低，有一定的违约风险。

C 级：还本付息能力很低，违约风险较高。

D 级：不能按期还本息。

每一个信用等级均不进行微调。

（3）借款企业信用等级分三等九级，即：AAA、AA、A、BBB、BB、B、CCC、CC、C。等级含义如下：

AAA 级：短期债务的支付能力和长期债务的偿还能力具有最大保障；经营处于良性循环状态，不确定因素对经营与发展的影响最小。

AA 级：短期债务的支付能力和长期债务的偿还能力很强；经营处于良性循环状态，不确定因素对经营与发展的影响很小。

A 级：短期债务的支付能力和长期债务的偿还能力较强；企业经营处于良性循环状态，未来经营与发展易受企业内外部不确定因素的影响，盈利能力和偿债能力会产生波动。

BBB 级：短期债务的支付能力和长期债务偿还能力一般，目前对本息的保障尚属适当；企业经营处于良性循环状态，未来经营与发展受企业内外部不确定因素的影响，盈利能力和偿债能力会有较大波动，约定的条件可能不足以保障本息的安全。

BB 级：短期债务支付能力和长期债务偿还能力较弱；企业经营与发展状

况不佳，支付能力不稳定，有一定风险。

B 级：短期债务支付能力和长期债务偿还能力较差；受内外不确定因素的影响，企业经营较困难，支付能力具有较大的不确定性，风险较大。

CCC 级：短期债务支付能力和长期债务偿还能力很差；受内外不确定因素的影响，企业经营困难，支付能力很困难，风险很大。

CC 级：短期债务的支付能力和长期债务的偿还能力严重不足；经营状况差，促使企业经营及发展走向良性循环状态的内外部因素很少，风险极大。

C 级：短期债务支付困难，长期债务偿还能力极差；企业经营状况一直不好，基本处于恶性循环状态，促使企业经营及发展走向良性循环状态的内外部因素极少，企业濒临破产。

每一个信用等级可用“+”、“-”符号进行微调，表示略高或略低于本等级，但不包括 AAA+。

（4）担保机构信用等级的设置采用三等九级。符号表示分别为：AAA、AA、A、BBB、BB、B、CCC、CC、C。等级含义如下：

AAA 级：代偿能力最强，绩效管理和风险管理能力极强，风险最小。

AA 级：代偿能力很强，绩效管理和风险管理能力很强，风险很小。

A 级：代偿能力较强，绩效管理和风险管理能力较强，尽管有时会受经营环境和其他内外部条件变化的影响，但是风险小。

BBB 级：有一定的代偿能力，绩效管理和风险管理能力一般，易受经营环境和其他内外部条件变化的影响，风险较小。

BB 级：代偿能力较弱，绩效管理和风险管理能力较弱，有一定风险。

B 级：代偿能力较差，绩效管理和风险管理能力弱，有较大风险。

CCC 级：代偿能力很差，在经营、管理、抵御风险等方面存在问题，有很大风险。

CC 级：代偿能力极差，在经营、管理、抵御风险等方面有严重问题，风险极大。

C 级：濒临破产，没有代偿债务能力。

除 CCC 级以下等级外，每一个信用等级可用“+”、“-”符号进行微调，表示略高或略低于本等级，但不包括 AAA+ 。

——通常，某机构的信用评级降到 B 以下，就被大家称为“垃圾级”。

信用评级机构在中国金融生态圈中日渐占据越来越重要的地位。随着目前中国的法律环境越来越健全，企业在商业活动中，包括金融业务中，会越来越多的用到企业信用评级。比如进入国内一线城市的高科技园区、产业园区，均需要提交公司的信用评级报告，如果没有报告是不可以备案的。

很多人往往把银行的信用评级和企业信用评级机构的信用评级混为一谈，这是一个误区，银行的信用评级其实只是针对企业在本银行实施金融业务时的一种评级机制，并不采用外部的评级标准，而是独立的运用企业自己的方式来进行，是一种规避企业金融风险的防范措施。

广义上的信用评级则是非银行业务以外其他金融业务中，企业需要借助第三方对自身进行的信用评级，如发行债券或发行票据的时候。由于这类机构不依附于金融体系的特性，我们习惯上称为“独立第三方信用评级机构”。其独立的特性，使得其在商业活动中拥有广泛的信任度，信用评级机构不仅可以对企业评级，甚至还能够对主权国家、政府、社会组织进行信用评级，这种具有国际化信用评级机构的评级结果，都将对从国家到企业产生综合性的信用影响。

信用评级机构在信用评级后，还会对企业进行长期实时的跟踪，所以所有的信用评级都不是一成不变的，企业发展过程中出现的重大问题或特殊事件，可能随时降低或提高企业的信用评级。金融机构在和某企业的金融业务合作中，会随时关注其信用评级动态，一旦企业的信用评级发生变化，金融机构会随时调整其合作的策略。为了保证信用评级中获得最高的信用评级，企业可以在评级前进行“整容”和“美容”，以保证在最佳的形象姿态展现给信用评级机构。从而获得最高的评级。

在国内，关于企业的信用评级还有个比较特殊的情况，信用评级机构对企业的评级会与企业所在地区的评级有关系。如果该地区的评级较差，那么该地区的企业信用再好，在评级的时候也会受到影响。比如说，A 企业所在地为北上广深等经济发达的地区，那么其信用评级最高可以到 AAA 级，而 B 企业是在经济欠发达地区，那么该企业的评级无论如何也不会太高。

05
个人征信公司

名词解释

个人征信公司，是指依法设立、主要经营个人征信业务的机构。此处特指民营第三方个人征信公司。

个人征信，全称是个人信用征信，是指依法设立的个人信用征信机构对个人信用信息进行采集和加工，并根据用户要求提供个人信用信息查询和评估服务的活动。个人信用报告是征信机构把依法采集的信息，依法进行加工整理，最后依法向合法的信息查询人提供的个人信用历史记录。

监管机构

中国人民银行

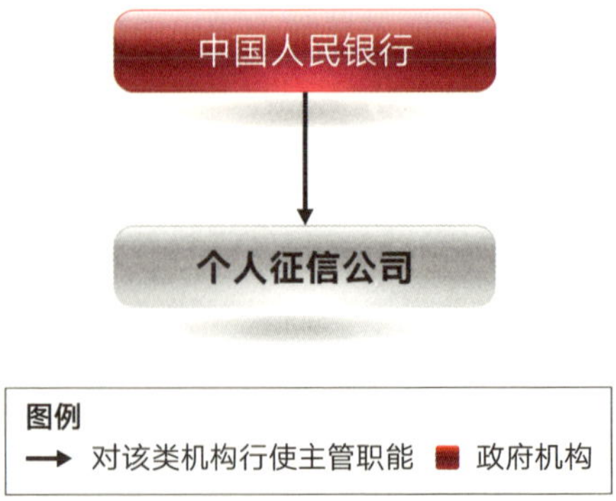

涉及法律法规

《征信业管理条例》

《征信机构管理办法》

设立条件

设立个人征信公司应当经中国人民银行批准。还应当具备以下条件：

（1）注册资本不少于人民币5000万元；主要股东需信誉良好，最近3年无重大违法违规记录；

（2）有完善的业务操作、信息安全管理、合规性管理等内控制度；

（3）个人信用信息系统符合国家信息安全保护等级二级或二级以上标准。

设立流程

设立个人征信公司主要为四个部分，对企业、股东资格的审查；提交的材料准备；接受申请后公示部分信息；最后由中国人民银行审批是否通过。申请设立个人征信机构，应当向中国人民银行提交下列材料：

（1）个人征信机构设立申请表；

（2）征信业务可行性研究报告，包括发展规划、经营策略等；

（3）公司章程；

（4）股东关联关系和实际控制人说明；

（5）主要股东最近3年无重大违法违规行为的声明以及主要股东的信用报告；

（6）拟任董事、监事和高级管理人员任职资格证明；

（7）组织机构设置以及人员基本构成说明；

（8）已经建立的内控制度，包括业务操作、安全管理、合规性管理等；

（9）具有国家信息安全等级保护测评资质的机构出具的个人信用信息系统安全测评报告，关于信息安全保障措施的说明和相关安全保障制度；

（10）营业场所所有权或者使用权证明文件；

（11）工商行政管理部门出具的企业名称预先核准通知书复印件。

中国人民银行可以通过实地调查、面谈等方式对申请材料进行核实。

中国金融生态圈中，个人征信公司是新生力量。在互联网金融飞速发展的今天，各项业务发展的背后，迫切需要个人征信体系作为支撑。金融机构和民间团体，一般主要通过引用央行个人征信报告，但是对于一些没有建立个人信用记录的人，比如工人、学生、个体户、自由职业者等用户，这些人群的信用记录，金融机构可能无法对其信用风险进行准确的判断。

但是随着互联网深入到生活中的各个方面，这部分人群可能使用社交、门户、游戏、支付等互联网服务，因此，通过海量数据挖掘和分析技术，就可以预测其风险表现和信用价值，为其建立个人信用评分，而很多互联网企业，则可以用自己的平台和资源，完成这项工作。放开个人征信业务牌照，准许民营企业参与进来，有助于建设健全完善的金融市场机制，推进社会信用体系建设、建立健全社会征信体系的重要举措，对于规范发展征信市场、服务实体经济具有积极意义。

06 财务管理公司

名词解释

财务管理公司，是代替企业内部的财务机构，协助其进行企业财务管理和优化的公司。类似于财务外包公司。

涉及法律法规

目前法律法规体系中尚无对于财务管理公司的相关规定

监管机构

目前尚无明确的监管机构

设立条件

除在工商注册外，目前没有其他确定的条件

业务范围

财务管理公司一般开展下列几项业务：

（1）协助公司对内部财务管理体系进行构建、优化等，一般表现为记账外包；

（2）优化公司的税务筹划体系；

（3）在未来公司接触金融业务的时候，与对接的其他外部的专业机构进行协调和配合。

财务管理公司目前在国内的表现形式很多，名称也并不统一，开展的业务也呈现出多样化，但基本上是围绕着上述三项业务展开。

财务管理公司能够运行的核心条件是具备在财务和税务上极其精通的团队和人员，他们熟悉税务、银行等专业机构的运作模式，保证公司的账面能够按照最有利于企业的方向呈现给外部机构，同时能根据企业老板的诉求，对内部的账目进行整合和梳理。国内的财务管理公司，其盈利的主要途径是协助企业合理增加账面现金流动。比如协助公司使用账面现金流完成证券交易市场上的国债、外汇回购业务，从而让公司账面的闲散资金获得远高于银行活期存款利息的收益。

07
金融外包服务公司

名词解释

金融外包服务公司就是专门为金融公司提供外包业务的公司。金融外包是指金融企业持续地将某项非主营业务（或业务的一部分）转交给外包公司代为操作或执行。

比如商业银行将贷款前的企业信用调查工作外包，将信用卡的制作外包给第三方公司，将短信服务外包给通信公司，等等。

涉及法律法规

目前法律法规体系中尚无对于金融外包服务公司的相关规定

监管机构

目前尚无明确的监管机构

业务范畴

金融外包服务公司经营的业务包括：

（1）业务集中处理人员外包；

（2）个人贷款助理人员外包；

（3）电话银行呼叫中心人员外包；

（4）软件开发人员外包；

（5）安保人员外包（包括保安、监控中心值守人员外包）；

（6）清算人员外包（包括同城票据交换等人员外包）；

（7）销售人员外包；

（8）另外其他除核心业务之外的外包。

发展趋势

改革开放的30多年来，中国各行各业都经历了巨大的变革。没有变革就没有成长。事实上，中国传统行业在之前一直追求“大而全、小而全”，导致在后来因此受困。经过改革后，甩掉那些非主营业务，企业变得更有活力，也更有效率。

同样的道理，也适用在金融机构上。金融机构同样应该丢掉“大而全、小而全”的概念，将非核心业务外包给专业提供商，专注核心业务方面的竞争力提升。在中国的金融业大发展的大背景之下，金融服务外包市场必将蓬勃发展。

金融外包公司是国内唯一可以直接在工商注册而不需要主管部门备案许可的带“金融”字样的法人主体，同时也是所有金融与准金融机构中主营业务与金融最没有关系的公司，其经营的模式类似于记账公司之类的一般企业。金融外包公司是中国金融体系中最边缘的群体，位于生态链的末端。

金融外包公司准确地说是帮助金融机构“打杂”的，金融机构自身不想做的、不愿意做的、不赚钱的非主营业务，都会交由这类公司去做。但是这并不意味着从事金融外包业务是没有利润空间的。比如，某些金融外包公司会帮助银行对信贷科的资料进行整理，而金融外包公司比起普通企业来说，更清楚银行关于信贷的要求，也熟悉资料整理的要求，所以经过他们处理过的资料通常更容易达成贷款的申请。而申请贷款的公司，也会因此找到金融外包公司寻求支持，并在贷款成功后向其支付一定的手续费。

随着国内金融业的日益发展，特别是2015年7月央行等十部委发布了《关于促进互联网金融健康发展的指导意见》之后，金融机构未来的业务体系将会在互联网的融入后发生巨大的变化，这将会导致金融机构的经营范围越来越广泛，业务会越来越复杂，各种各样的碎片化业务需求也会逐渐增多，这给金融外包公司带来了更多的机遇，理论上其盈利方式和机会也会越来越多。

11

新兴金融模式篇

CHINA'S
FINANCIAL ECOSYSTEM

- 股权众筹平台
- 债权众筹平台
- 产品、服务众筹平台
- 个体网络借贷平台（P2P）
- 非银行支付机构（第三方支付）

01 股权众筹平台

名词解释

股权众筹平台是指通过互联网平台（互联网网站或其他类似电子媒介）为股权众筹投融资双方提供信息发布、需求对接、协助资金划转等相关服务的中介机构。股权众筹融资主要是指通过互联网形式进行公开小额股权融资的活动。

2015 年 7 月份，中国人民银行、工业和信息化部、公安部、中国银行业监督管理委员会等十部委《关于促进互联网金融健康发展的指导意见》（银发〔2015〕221 号），其中明确规定，股权众筹融资必须通过股权众筹融资中介机构平台（互联网网站或其他类似的电子媒介）进行。

监管机构

中国证券监督管理委员会

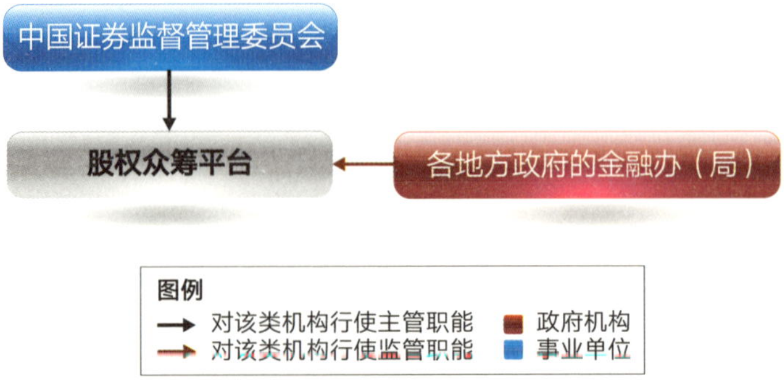

涉及法律法规

《关于促进互联网金融健康发展的指导意见》（银发〔2015〕221号，央行等十部委联合发布）

《私募股权众筹融资管理办法（试行）》（中国证监会征求意见稿）

设定条件

根据《私募股权众筹融资管理办法（试行）》（中国证监会征求意见稿），股权众筹平台应当具备下列条件：

（1）在中华人民共和国境内依法设立的公司或合伙企业；

（2）净资产不低于500万元人民币；

（3）有与开展私募股权众筹融资相适应的专业人员，具有3年以上金融或者信息技术行业从业经历的高级管理人员不少于2人；

（4）有合法的互联网平台及其他技术设施；

（5）有完善的业务管理制度；

（6）证券业协会规定的其他条件。

投资者的要求

根据《私募股权众筹融资管理办法（试行）》（中国证监会征求意见稿），私募股权众筹融资的投资者是指符合下列条件之一的单位或个人：

（1）投资单个融资项目的最低金额不低于100万元人民币的单位或个人；

（2）社会保障基金、企业年金等养老基金，慈善基金等社会公益基金，以及依法设立并在中国证券投资基金业协会备案的投资计划；

（3）净资产不低于1000万元人民币的单位；

（4）金融资产不低于300万元人民币或最近三年个人年均收入不低于50万元人民币的个人。上述个人除能提供相关财产、收入证明外，还应当能辨识、判断和承担相应投资风险；

本项所称金融资产包括银行存款、股票、债券、基金份额、资产管理计划、银行理财产品、信托计划、保险产品、期货权益等。

（5）证券业协会规定的其他投资者。

备案登记要求

股权众筹平台应当在设立后5个工作日内向证券业协会申请备案，并报送下列文件：

（1）股权众筹平台备案申请表；

（2）营业执照复印件；

（3）最近一期经审计的财务报告或验资报告；

（4）互联网平台的ICP备案证明复印件；

（5）股权众筹平台的组织架构、人员配置及专业人员资质证明；

（6）股权众筹平台的业务管理制度；

（7）股权众筹平台关于投资者保护、资金监督、信息安全、防范欺诈和利益冲突、风险管理及投资者纠纷处理等内部控制制度；

（8）证券业协会要求的其他材料。

职责范围

根据《私募股权众筹融资管理办法（试行）》（中国证监会征求意见稿），股权众筹平台应当履行下列职责：

（1）勤勉尽责，督促投融资双方依法开展众筹融资活动、履行约定义务；

（2）对投融资双方进行实名认证，对用户信息的真实性进行必要审核；

（3）对融资项目的合法性进行必要审核；

（4）采取措施防范欺诈行为，发现欺诈行为或其他损害投资者利益的情形，及时公告并终止相关众筹活动；

（5）对募集期资金设立专户管理，证券业协会另有规定的，从其规定；

（6）对投融资双方的信息、融资记录及投资者适当性管理等信息及其他相关资料进行妥善保管，保管期限不得少于10年；

（7）持续开展众筹融资知识普及和风险教育活动，并与投资者签订投资风险揭示书，确保投资者充分知悉投资风险；

（8）按照证券业协会的要求报送股权众筹融资业务信息；

（9）保守商业秘密和客户隐私，非因法定原因不得泄露融资者和投资者相关信息；

（10）配合相关部门开展反洗钱工作；

（11）证券业协会规定的其他职责。

股权众筹平台不得有下列行为：

（1）通过本机构互联网平台为自身或关联方融资；

（2）对众筹项目提供对外担保或进行股权代持；

（3）提供股权或其他形式的有价证券的转让服务；

（4）利用平台自身优势获取投资机会或误导投资者；

（5）向非实名注册用户宣传或推介融资项目；

（6）从事证券承销、投资顾问、资产管理等证券经营机构业务，具有相关业务资格的证券经营机构除外；

（7）兼营个体网络借贷（即 P2P 网络借贷）或网络小额贷款业务；

（8）采用恶意诋毁、贬损同行等不正当竞争手段；

（9）法律法规和证券业协会规定禁止的其他行为。

《关于促进互联网金融健康发展的指导意见》已经明确规定股权众筹必须通过股权众筹融资中介机构平台进行，这意味着，未来股权众筹平台将成为希望通过股权众筹方式来融资的唯一途径。个人或机构自发进行股权众筹将不再被允许，而是必须通过经证监会许可的中介平台来进行。

根据《私募股权众筹融资管理办法（试行）》（中国证监会征求意见稿）以及《关于促进互联网金融健康发展的指导意见》的规定，股权众筹平台将归到证监会监管，并由证监会下属相关机构进行具体分管。一个监管严格的资金融通平台，该平台对于投融资双方都有严格的要求，特别是对投资人（包括法人和自然人）的自有资金额度和投资额度都提出了明确的要求，最大限度规避了投资人在投资过程中抗风险能力不足等相关问题。

股权众筹平台作为一种新兴的互联网金融形式，可能在未来的中国金融体系中发挥很重要的作用，成为中国金融生态圈中的重要力量。

02
债权众筹平台

名词解释

债权众筹平台，是指通过互联网平台为债权交易双方提供信息沟通和业务委托的中介平台。债券交易是指投资者对项目或公司进行投资，获得其一定比例的债权，未来获取利息收益并收回本金（我给你钱你之后还我本金和利息）。

债权众筹，其具体的表现形式包括互联网信托、网络代客理财等业务。投资方通过互联网平台获取融资方的相关信息，然后通过线下机构对融资方的项目或公司进行借款，该平台主要承担的就是投融资双方的信息沟通渠道。通过收取咨询费用等方式来盈利。

监管机构

目前尚无明确的监管机构

涉及法律法规

目前的法律法规体系里暂时没有明确规定

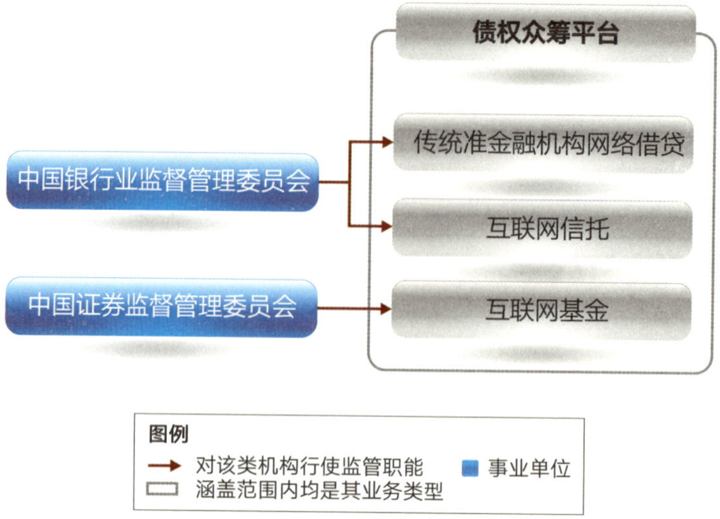

普华在线洞察

SINO-BALANCE ONLINE INSIGHT

债权众筹平台更准确的叫法应该是债权信息沟通交流平台。其运作主体基本为资产管理公司、财富管理公司等，实际上是代客理财业务的网络版。该平台仅仅提供双方的信息，不对双方的借款形成法律责任和义务。往往为线下的代客理财公司实现其业务的线上方式，只是在法律上将其归纳为债权众筹的方式之一。

债权众筹平台主要依靠向客户提供信息获利，所以自身盈利能力较差，主要以金融超市、金融门户网站等复合形式存在，往往依附于其他互联网金融业务之中。随着国家出台对互联网金融理财和互联网信托等业务的实施细则，这一行业前景也会逐渐明朗，所以债权众筹平台在未来的金融法规体系中的生存空间，要等相关细则出台之后才能明确。

03
产品、服务众筹平台

名词解释

产品、服务众筹平台就是通过互联网向社会公众预售产品和服务进而协助机构或个人融资的中介机构。由于其主要是为企业或个人提供产品、服务、技术、思想标准等体系。

监管机构

目前暂无明确的监管机构。

由于其主要是为企业或个人提供产品、服务、技术、模式、思想等体系的预售，而非金融业务，所以该平台业务不受任何金融机构的监管，但是由于其主营业务中涉及互联网业务，还要接受互联网信息中心和电信主管部门的监管。

涉及法律法规

目前的法律法规体系里暂时没有明确规定

对产品和服务进行预售，是满足企业发展需求的重要途径之一，也是企业融资的常见方式。而众筹平台可以帮助企业对其产品和服务向社会公众发布，这在互联网时代为企业提供了一个很重要的融资途径。

由于客户在众筹平台上看到的产品或服务的信息是提前出现的，所以众筹方案需要最大程度的激起客户的购买欲望，因此产品、服务众筹平台会通过艺术性地包装向客户传递出一种美好的预期，用优美的文字，煽动性强的语言、有说服力的数据等元素支撑一个吸引人的概念来引导客户的购买。

采取众筹方式需要集齐一定数额的资金之后才可以为客户提供产品和服务，也就是说需要资金到位才生产，所以众筹方案设定了募集资金的额度和时间，如果到方案规定的时间内未能完成资金的筹集，则该平台的资金托管机构或存款机构（银行）会将资金返还到客户指定的账户中。

产品、服务众筹平台不属于金融的范畴，不受金融系统相关部门的监管，是目前在诸多众筹方式中唯一仍采用资金托管而非银行存管形式搭建起来的众筹平台，这点也决定了其成为企业在实际过程中使用的最为方便和快捷的资金募集平台和渠道方式。

值得注意的是，企业或机构通过该平台预售的产品和服务，均不得对其提供任何形式的回购服务，否则会涉嫌非法集资。所以在该平台上销售的所有商品均只能单一方向卖给客户，至于在实际操作过程由第三方乃至第四方介入进行背后的收购，则法律上还暂无明确禁止的条款和规定。

04
个体网络借贷平台（P2P）

名词解释

个体网络借贷平台即目前社会上大家常说的P2P网络借贷平台，简称P2P，P2P是peer to peer lending的缩写，指的是个人与个人间的小额借贷交易，所以P2P网络借贷平台即个人与个人间的小额借贷交易的中介平台，为投资方和融资方提供信息交互、撮合、资信评估等中介服务。

由于P2P网络借贷平台可以依附于任何形式的商业法人、商业非法人（即有限责任公司、股份有限公司、个人独资企业等机构）中，这些机构均可以在自己内部运行个体网络借贷的业务，所以个体网络借贷平台在中国的商业运行体制中，会以各种不同的法人主体形式出现，但其核心业务都是为借贷双方提供线上借贷交易的平台。

监管机构

中国银行业监督管理委员会普惠金融部

涉及法律法规

《最高人民法院关于审理民间借贷案件适用法律若干问题的规定》（法释〔2015〕18号）

《关于促进互联网金融健康发展的指导意见》（银发〔2015〕221号）

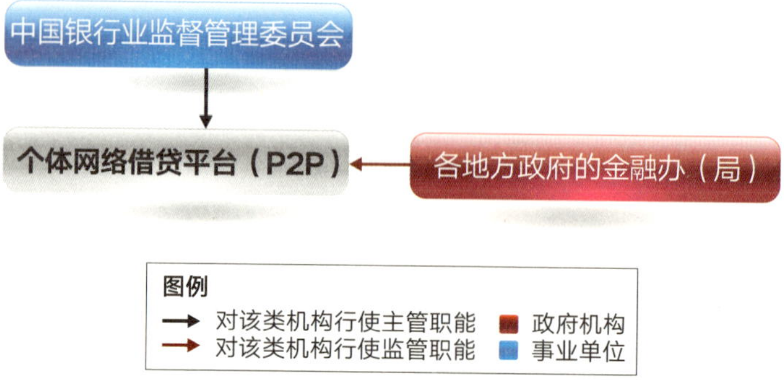

设立条件

截止到本书成稿前，银监会尚未出台关于 P2P 的监管细则，在 2015 年 3 月份，银监会普惠金融部召集各级监管部门和 P2P 行业的代表召开了闭门会议，对 P2P 的监管进行了讨论，从相关消息来看，拟定中的 P2P 网络借贷平台监管思路可能包括以下几个需要重点关注的方面：

（1）牌照限制。目前透露出的信息表明，银监会不会对 P2P 的牌照进行特别监管，但设立 P2P 网络借贷平台需要到银监会备案。

（2）关于 P2P 的注册资本金门槛，基本可以确定是在 1000~5000 万元的范围内。一般认为应该是 3000 万元。

（3）与注册资本金 3000 万元的门槛相比，市场更关注 P2P 的杠杆管理。有监管人士提出考虑按照融资担保机构的监管标准，对 P2P 机构实施最高 10 倍杠杆管理。这意味着 P2P 平台一年内交易资金的额度不得超过注册资本金的 10 倍。

（4）P2P 平台不能对项目进行担保。

（5）P2P 的资金必须进行独立托管，不允许形成资金池。

（6）逾期数据须向监管部门披露。

（7）融资项目标的不许拆标。同一融资人在平台上只能进行单一项目的融资，并且对单笔融资项目额度设置上限。

搭建流程

简单介绍一下 P2P 网络借贷平台的搭建流程：

第一步：工商、税务手续办理→第二步：域名信息备案办理→第三步：电信与信息服务业务经营许可证办理→第四步：https 根证书办理→第五步：CFCA 证书→第六步：软件产品登记证书→第七步 SSL 服务器证书。

普华在线洞察
SINO-BALANCE ONLINE INSIGHT

P2P 网络借贷平台在出现后之所以得到了大家的推崇，是因其利用了银行金融系统的大数法则分散融资风险，简单说，融资方拿到的每一笔资金都由成百上千人共同支出，而投资方的每笔投资，又会被投资到成百上千甚至成千上万的项目中，这样的方式同时化解了投融资的风险，更大限度保证了双方的资金安全。

根据《最高人民法院关于审理民间借贷案件适用法律若干问题的规定》（法释［2015］18 号），在未来的 P2P 业务中，平台搭建方应谨记，如果在其自身的网页、广告或媒体宣传过程中，鲜明的提出对资金出借方提供担保或其他连带还款责任的，当 P2P 平台的借贷关系得到了法律认定，如果到期不能偿还，平台有义务为借款方提供还款的连带还款责任。相反，如果不在任何渠道明文提出承担担保的平台，到期后如果发生不能偿还的情况，P2P 网络借贷平台可以不为其承担连带担保责任。

不管以任何形式开办平台都要注意到，在实际运营的过程中可能会承担大量责任。目前市场上除了 P2P 网络借贷平台之外，还衍生出了大量 C2C，B2B，B2C 等多种名目各种形式的平台，唯一能够被法律承认的 P2P 即个人对个人的平台，其他平台都有涉嫌非法集资的风险。目前在中国能够承揽 C2C 等贷款业务的，只有小额贷款公司，小贷公司通常搭建 P2P 平台来补充自身业务中的不足部分，现有的 P2P 想发展成全业务的平台，也建议去申请一个小贷公司的牌照。

P2P 平台在其搭建的过程中，由于仅仅起到借贷信息媒介作用，且由于其互联网的属性，其推广范围也仅限于互联网，在经营的公司中也不得从事互联网线下的方式，包括电话陌生拜访、大型路演会等公开募集资金的形式。

05

非银行支付机构（第三方支付）

名词解释

非银行支付机构，即我们常说的第三方支付机构。非银行支付机构是指依法取得《支付业务许可证》，获准办理互联网支付、移动电话支付、固定电话支付、数字电视支付等网络支付业务的非银行机构。

网络支付业务，是指客户通过计算机、移动终端等电子设备，依托公共网络信息系统远程发起支付指令，且付款客户电子设备不与收款客户特定专属设备交互，由支付机构为收付款客户提供货币资金转移服务的活动。

监管机构

中国人民银行

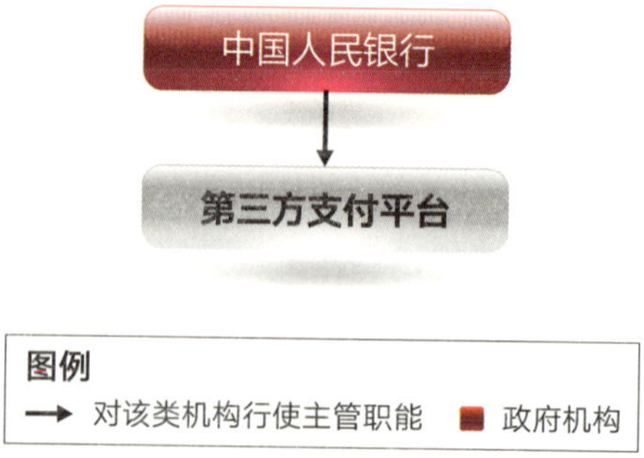

涉及法律法规

《非金融机构支付服务管理办法》

《非银行支付机构网络支付业务管理办法》（征求意见稿）

设立条件

非银行支付机构必须取得《支付业务许可证》。中国人民银行负责《支付业务许可证》的颁发和管理。申请《支付业务许可证》的，需经所在地中国人民银行分支机构审查后，报中国人民银行批准。

申请人拟在全国范围内从事支付业务的，其注册资本最低限额为1亿元人民币；拟在省（自治区、直辖市）范围内从事支付业务的，其注册资本最低限额为3千万元人民币。注册资本最低限额为实缴货币资本。

申请人的主要出资人（包括拥有申请人实际控制权的出资人和持有申请人10%以上股权的出资人）应当符合以下条件：

（1）为依法设立的有限责任公司或股份有限公司；

（2）截至申请日，连续为金融机构提供信息处理支持服务2年以上，或连续为电子商务活动提供信息处理支持服务2年以上；

（3）截至申请日，连续盈利2年以上；

（4）最近3年内未因利用支付业务实施违法犯罪活动或为违法犯罪活动办理支付业务等受过处罚。

《支付业务许可证》自颁发之日起，有效期5年。支付机构拟于《支付业务许可证》期满后继续从事支付业务的，应当在期满前6个月内向所在地中国人民银行分支机构提出续展申请。中国人民银行准予续展的，每次续展的有效期为5年。

业务范围

非银行支付机构提供的支付服务，是指在收付款人之间作为中介机构提供下列部分或全部货币资金转移服务：

（1）网络支付；

（2）预付卡的发行与受理；

（3）银行卡收单；

（4）中国人民银行确定的其他支付服务。

交易流程

支付机构根据客户授权，向客户开户银行发送支付指令，扣划客户银行账户资金的，支付机构、客户和银行在事先或者首笔交易时，应当按照下列规则明确相关授权并依照执行：

（1）支付机构应当取得客户和银行的授权，同意其向客户的银行账户发起支付指令扣划资金；

（2）银行应当与客户直接签订授权协议，明确约定客户身份及交易验证方式，以及交易限额等必要风险管理措施；

（3）除单笔金额不足200元的小额支付业务，以及公共事业费、税费缴纳等收款人固定并且定期发生的支付业务外，支付机构不得代替银行进行客户身份及交易验证。银行对客户资金安全的管理责任不因支付机构代替验证而转移。

支付机构应当为银行对客户的身份及交易验证提供必要技术支持，不得人为设置障碍。

2014 年中国银监会联合央行下发了一份《关于加强商业银行与第三方支付机构合作业务管理的通知》(简称《通知》)，该《通知》主要涉及四个方面，包括客户身份验证、资金流向监控、数据共享以及备付金管理。以往，部分第三方支付机构发送给银行的信息并不包括资金的具体流向和用途。大数据环境下，客户和交易信息是第三方支付公司的重要资产，但此《通知》决定了第三方支付公司要被迫和银行分享这些数据。

而 2015 年 7 月底，央行官网发出了《关于向社会公开征求 < 非银行支付机构网络支付业务管理办法 > 意见的公告》，这份意见稿引发了广泛的讨论，其中人们最关注的是“单个客户所有支付账户单日累计金额应不超过 5000 元”的规定。单日 5000 元封顶的规定，再次标明了政府对于互联网金融必须由传统金融机构主导的态度，也再次证明传统金融机构在互联网业务中涉及权限管理方面，仍然具有无可比拟的优势。

金融监管部门对于非银行机构的越来越严格的监管，进一步压缩了其生存空间，在金融体制没有重大改革和变通的情况下，如果不是进行独立的电子商务等自身业务而必须开展的第三方支付，而是提供给社会公共服务的第三方支付机构，在未来的发展前景似乎并不乐观。

CHINA'S

FINANCIAL ECOSYSTEM

中国优秀企业家推荐

邓琪山 董事长

山西玉盛源投资有限公司

www.sanjinp2p.cn

李 战 副会长

中国中小企业协会

www.ca-sme.org

李美莲 监事、经理

东莞市友华网络科技有限公司

13686690008@139.com

张又天 董事长

广西信恒财富投资有限公司

zhangyoutian_xhcf@163.com

马书明 董事长

安徽求是工程建设咨询有限公司

www.ahqs.com.cn

徐登平 董事长

重庆久耀国际贸易有限公司

www.jy1865.com

夏燃柱 董事长

湖北畅信网络科技有限公司

839976619@qq.com

于旭东

互联网商业模式转型专家

79470099@qq.com

王 傲 投资总监

深圳普华汇金资产管理有限公司

wangao521@aliyun.com

于 允 投资总监

深圳普华汇金资产管理有限公司

284568942@qq.com

《中国金融生态圈》的梦想团队

感谢这些小伙伴对本书付出的努力！

张萌
总策划

方艺娜
策划

刘捷
策划

任文心
特约顾问

李阳
设计总监

王春瑞
版式设计

刘鑫池
选题策划

王玮
选题策划

李杰
选题策划

王艳
推广

康硕
推广

赵巍
推广